ÉLÉMENTS

DE

L'EXPROPRIATION DES IMMEUBLES

POUR CAUSE D'UTILITÉ PUBLIQUE

SUIVIS

DU TEXTE DE LA LOI ORGANIQUE DU 3 MAI 1841

PAR

OCTAVE ROQUIÈRE

AVOCAT A LA COUR IMPÉRIALE DE CAEN

DOCTEUR EN DROIT

PARIS
E. THORIN, LIBRAIRE
BOULEVARD SAINT-MICHEL, 58

CAEN
LE GOST-CLÉRISSE, LIBRAIRE
RUE ÉCUYÈRE, 46

1868

ÉLÉMENTS

DE

L'EXPROPRIATION DES IMMEUBLES

POUR CAUSE D'UTILITÉ PUBLIQUE

SUIVIS

DU TEXTE DE LA LOI ORGANIQUE DU 3 MAI 1841

PAR

OCTAVE ROQUIÈRE

AVOCAT A LA COUR IMPÉRIALE DE CAEN

DOCTEUR EN DROIT

PARIS
E. THORIN, LIBRAIRE
BOULEVARD SAINT-MICHEL, 58

CAEN
LE GOST-CLÉRISSE, LIBRAIRE
RUE ÉCUYÈRE, 46

1868

A MONSIEUR A. TROLLEY,

ANCIEN BATONNIER DE L'ORDRE DES AVOCATS DU BARREAU DE CAEN,

PROFESSEUR A LA FACULTÉ DE DROIT,

CHEVALIER DE L'ORDRE IMPÉRIAL DE LA LÉGION D'HONNEUR.

Hommage de profond respect et de reconnaissant dévouement.

Les travaux publics entrepris de nos jours dans de si vastes proportions rendent nécessaire pour un grand nombre de personnes complètement étrangères aux études juridiques, la connaissance des règles de l'expropriation pour cause d'utilité publique. Les propriétaires et les usufruitiers des immeubles qui doivent être expropriés, leurs créanciers hypothécaires, les locataires, les sous-locataires, les créanciers de droits d'usage ou de servitude ont en effet un intérêt majeur à se rendre compte de la situation qui leur est faite dès le jour où ils ont à craindre une expropriation. D'un autre côté et à un point de vue plus élevé, les citoyens appelés à faire partie du jury d'expropriation doivent bien connaître l'étendue et les conditions du mandat que la loi leur confère, s'ils veulent le remplir avec conscience et intelligence.

C'est à ces différents intéressés que nous avons voulu exposer d'une façon simple et pratique les éléments de notre législation en matière d'expropriation.

Comme on le voit, le but et la nature de notre travail excluaient les nombreuses citations et les renvois faciles à multiplier aux auteurs, aux arrêts et aux discussions législatives que nous avons dû consulter. Nous avons donc essayé de présenter un exposé méthodique et clair des principes de notre matière et des principales difficultés qui peuvent se rencontrer. Sans entrer dans le détail du nombre infini des hypothèses sur lesquelles l'autorité judiciaire a pu être appelée à statuer, nous avons discuté les questions controversées les plus importantes en nous efforçant d'en donner la solution raisonnée. Nous avons indiqué l'état actuel de la jurisprudence pour celles qui ont été l'objet de décisions récentes. Nous avons pensé que cela ne suffisait pas : quelques élémentaires que soient les notions que l'on veuille acquérir sur un sujet, il importe avant tout d'en avoir une idée exacte et raisonnée au point de vue des principes généraux. C'est pour répondre à ce besoin de tout esprit bien fait que nous avons cru devoir faire précéder l'étude des dispositions mêmes de la loi du 3 mai 1841 combinée avec le sénatus-consulte du 25 décembre 1852, de quelques considérations sur le caractère philosophique de l'expropriation et de l'indication rapide des précédents historiques.

Une table détaillée placée à la fin du volume rend les recherches très-faciles. Cette table est précédée du texte complet de la loi du 3 mai 1841, qui forme un véritable code d'expropriation des immeubles pour cause d'utilité publique.

Le droit de propriété, comme tous les droits humains, a ses limites dans le respect des droits qui existent à côté de lui. Or, ces derniers sont de différente nature. Les uns appartiennent aux individus, et de là les restrictions que, pour en assurer le libre développement, les législateurs et notamment notre Code Napoléon ont imposées à l'exercice du droit de propriété. Les autres n'appartiennent pas à des particuliers : mais ils ne sont pas moins respectables que les premiers. Dans toute société organisée, en effet, à côté et au-dessus des droits individuels, il en existe d'autres qui sont ceux de la société tout entière et au nom desquels le législateur, son organe souverain, peut demander à la propriété des sacrifices plus ou moins étendus et parfois même l'abandon complet de ses prérogatives.

C'est ce dessaisissement imposé au propriétaire et connu en droit administratif sous le nom d'expropriation directe que nous allons étudier dans son application aux immeubles.

Nous n'avons pas à justifier longuement le principe de l'expropriation reconnu dans tous les temps et dans tous les pays, comme le dit Merlin.

La propriété, comme tous les droits que l'homme peut avoir, n'arrive au développement qu'elle comporte et n'acquiert une véritable efficacité que par la société et par la loi qui est la conséquence nécessaire de toute organisation sociale. Se figure-t-on bien les avantages réels que pourrait avoir la propriété en dehors de ce double et vital élément ? Si on l'en sépare un instant par la pensée, elle ne nous apparaît plus avec les caractères qui la rendent si importante et si précieuse. Le droit auquel la société donne un si haut prix est de sa part l'objet des plus vives sollicitudes ; elle le consacre, elle le protége, elle le défend. Cette protection incessante est la cause de la plupart des charges imposées à la communauté tout entière. Et la propriété pourrait refuser toute espèce de concession à cette communauté à laquelle elle doit tant! Comment, voilà de grands travaux réclamés par les exigences de la défense nationale, par les besoins de l'agriculture, de l'industrie, du commerce, par la multiplicité toujours croissante et toujours désirable des relations sociales, et un propriétaire se retranchant dans un égoïsme inintelligent pourra venir dire à la société, dont l'existence même peut être menacée : vous ne ferez pas tel ouvrage militaire, tel chemin de fer, telle route, tel canal, tel port, parce que pour cela il vous faut prendre mon terrain, et j'entends le garder!

C'est impossible; aussi a-t-il toujours été reconnu que la société, représentée à l'égard du citoyen par la communauté politique ou administrative sous la protection de laquelle il vit, peut exiger de lui l'abandon de sa propriété.

Le principe est d'évidence, mais son application présente le problème le plus difficile : c'est qu'elle met en présence du droit souverain de la société le droit de propriété, cette base indispensable de tout ordre social.

Toutefois, il est certaines considérations qui se présentent d'elles-mêmes : l'abandon exigé du propriétaire est un fait grave et anormal qui ne demeure légitime qu'à la condition de rester dans les limites exactes de l'utilité publique qui seule l'autorise. D'un autre côté, cet abandon forcé est déjà un assez lourd sacrifice ; il ne doit pas être une spoliation ; l'exproprié devra donc recevoir une juste indemnité. Enfin, comme le propriétaire pourrait rencontrer des difficultés pour se faire payer les indemnités qui lui auraient été allouées, il est plus sûr et plus équitable de ne l'obliger à se dessaisir de son bien qu'après le paiement de l'indemnité qui lui est due. Ainsi, l'expropriation doit être motivée par l'utilité publique ; elle doit avoir lieu moyennant une juste et préalable indemnité.

Tels sont les principes d'ensemble d'une bonne législation de l'expropriation. Nous examinerons, après avoir jeté un rapide coup-d'œil sur les souvenirs historiques, dans quelle mesure et de quelle manière la loi du 3 mai 1841 combinée avec le sénatus-consulte du 25 décembre 1852 les a mis en pratique.

Rappelons ici une fois pour toutes que nous n'entendons étudier que l'expropriation régie par la loi du 3 mai 1841, c'est-à-dire, l'expropriation directe immobilière, celle qui procède directement comme expropriation et atteint un immeuble.

Il ne sera donc question ni de l'expropriation mobilière qui se définit d'elle-même, ni de l'expropriation tacite ou de résultance qui se produit comme la conséquence d'un acte qui n'a pas l'expropriation pour but mais qui peut l'amener occasionnellement. Nous ne parlerons pas davantage des simples dommages temporaires ou permanents imposés à la propriété privée pour cause d'utilité publique.

DROIT FRANÇAIS.

PRÉLIMINAIRES HISTORIQUES.

1. Division.

1. Avant d'aborder l'étude du régime actuel de l'expropriation, jetons un rapide coup-d'œil sur les précédents historiques. Nous diviserons la période qui a précédé la loi du 3 mai 1841 en deux époques que nous examinerons dans deux paragraphes différents.

§ I. — Époque antérieure à la Révolution de 1789.

§ II. — Deuxième époque de 1789 à 1841.

§ I.

ÉPOQUE ANTÉRIEURE A LA RÉVOLUTION DE 1789.

2. Pas de loi organique. —Principe reconnu appliqué par des actes spéciaux.
3 Ordonnance de Philippe-le-Bel. —Autorités.
4. Autorités.
5. Édit de 1607.—Arrêt du Parlement de Paris.
6. Arrêts de Parlements.
7. Id.—Témoignage d'Olrade.
8. Édits des temps plus rapprochés de 1789.—Leur caractère. —Exclusion de l'autorité judiciaire.
9. Édit d'octobre 1666.
10. Édits et arrêts du Conseil renfermant des décisions analogues.
11. Arrêt du Conseil du 26 mai 1765. — Ordonnance des trésoriers de France de 1754.
12. Témoignage de Pothier. —Conclusion.

2. Nous ne trouvons dans notre ancien Droit aucune loi organique de l'expropriation : il est certain, d'un autre côté, qu'avant 1789 on était beaucoup moins porté vers les grandes entreprises d'utilité publique, que depuis la Révolution et principalement de nos jours. Il est cependant incontestable que pour accomplir les grands

travaux dont notre ancienne monarchie a doté le pays, on a dû recourir à l'expropriation. D'ailleurs un grand nombre d'ordonnances royales, d'arrêts du Conseil, d'arrêts de Parlement attestent qu'on y a recouru et ce témoignage est confirmé par celui de nos anciens auteurs qui nous apprennent que le principe de l'expropriation pour cause d'utilité publique était admis sous le nom de retrait d'utilité publique. On a toujours reconnu le droit que Maillart reconnaît : « au roi, à l'église, aux « villes de se faire subroger dans l'achat même « d'acquérir la propriété d'un héritage limitrophe, « ou trouvé nécessaire aux fortifications, à « l'édification d'une église, à la décoration d'une « place, d'une ville, d'une maison royale, d'un « collége (1). »

Merlin après avoir rapporté ce passage de Maillart ajoute aussitôt : « Cette espèce de retrait « a été d'usage dans tous les temps et dans tous « les pays. » Le savant auteur cite même ensuite un passage de la Bible à l'appui de son assertion (2).

3. Sans s'arrêter autrement à ce que pouvait être l'expropriation des Hébreux, et se plaçant sur un terrain plus pratique, il rappelle une

(1) Maillart, sur le tit. III de la *Cout. d'Artois*. — Merlin, *Rep.* v° *Retr. d'util. publiq.*

(2) Paralip., liv. I, ch. XXI, v. 22.

ordonnance de Philippe-le-Bel à la date de 1303, qui porte que : « Possessores possessionum quas « pro ecclesiis aut domibus ecclesiarum paro- « chialium de novo fundandis aut ampliandis « infra villas, non ad superfluitatem sed ad « convenientem necessitatem acquiri contingit, « ad illas dimittendas pro justo pretio compelli « debeat. »

4. Les principes de cette ordonnance étaient admis avant l'époque où elle a paru. Voici en effet ce que nous lisons dans Montesquieu (1). « Du temps de Beaumanoir, qui écrivait sur la « jurisprudence du XIIe siècle, on raccommodait « les grands chemins comme on le fait aujourd'hui. « Il dit que quand un grand chemin ne pouvait « être rétabli, on en faisait un autre le plus près « de l'ancien qu'il était possible, mais qu'on « dédommageait les propriétaires aux frais de « ceux qui tiraient quelque avantage du chemin. » C'était bien de l'expropriation ; Beaumanoir nous rapporte même que pour arriver au paiement de l'indemnité : « Le seigneur nommait des « prud'hommes pour faire la levée sur le paysan, « les gentilshommes étaient contraints à la con- « tribution par le comte, et l'homme d'église « par l'évêque. »

(1) *Esprit des lois*, liv. XXVI, ch. XV.

Les mêmes principes sont consacrés par un grand nombre de jurisconsultes (1).

5. On rencontre en outre un assez grand nombre d'édits et d'arrêts ayant trait aux aliénations pour cause d'utilité publique. Les décisions des parlements avaient pour base dans un certain nombre de cas un édit du chef de l'État attaqué devant eux par les propriétaires : dans d'autres cas le Parlement prononçait l'expropriation ordonnée par l'édit.

Selon Maillart, l'art. 4 de l'édit de janvier 1607 obligeait les coportionnaires des marais qu'on voulait dessécher à en faire vente sur le pied des marais voisins ou de l'estimation (2).

Le même auteur rapporte que par arrêt du 7 septembre 1640, les propriétaires et usufruitiers de la rue Clopin à Paris, furent obligés de vendre leurs immeubles sur le pied de l'estimation au collége de Navarre, mais que cela ne fut pas exécuté.

6. Nous rappellerons encore d'autres arrêts, entre autres : 1° plusieurs du Parlement d'Aix dont un de janvier 1627 et un autre du 16 avril

(1) Dumoulin sur le § 42 de la *Cout. de Paris.* — Dunod, *Des prescriptions*, ch. XII. — Valin, art. 3 et 29 de la *Cout. de la Rochelle.* — Duparc-Poullain, *Cout. de Bretagne*, vol. 6, p. 63, n° 102.

(2) Maillart sur l'art. 3 de la *Cout. d'Artois.*

1644 qui déclarent qu'il est d'un usage constant d'augmenter le prix de la vente forcée d'un cinquième en sus de la valeur réelle ; 2° un arrêt émanant également d'un Parlement de pays de Droit écrit (1), du Parlement de Grenoble à date du 14 juillet 1778 portant bien le cachet d'une époque à priviléges. Cet arrêt semble en effet juger que le retrait d'utilité publique ne peut pas être exercé sur des fonds appartenant à des gens de main-morte tant qu'il reste des fonds également propres à sa fin appartenant à des particuliers.

7. Enfin Louet nous a conservé un arrêt du Parlement de Paris qui avait condamné un particulier à vendre un jardin pour l'agrandissement d'un cimetière (2).

Brodeau au même endroit rapporte deux arrêts dans le même sens, aux dates du 13 mai 1616 et 21 janvier 1633. Notons en passant un exemple d'expropriation que le même auteur cite en même temps. Il nous apprend que d'après un avis d'Olrade, un particulier pouvait être contraint de céder son terrain au seigneur justicier, *ut erigantur furcæ patibulares*.

Comme on le voit, les Parlements des pays

(1) Nous pourrions également citer un arrêt de Toulouse de 1606 (Boniface, t. II, liv. VIII, tit. II, ch. xi).

(2) Louet, lettre A., somm. 6, v° ALIENAT. POUR UTIL. PUBL.

coutumiers comme ceux des pays de Droit écrit, étaient d'accord pour reconnaître et appliquer les principes du retrait d'utilité publique.

8. Dans les temps plus rapprochés de 1789, l'expropriation s'accuse plus nettement comme un acte de l'autorité royale, dont le point de départ et la marche tout entière sont soustraites à l'autorité judiciaire et placées dans ce que l'on appellerait aujourd'hui les attributions de l'autorité administrative. C'est ce caractère, parfaitement accusé dans les édits du XVIIe et du XVIIIe siècle, qui a fait déclarer au rapporteur de la Commission au Corps législatif, dans la séance du 8 mars 1810, que sous le régime antérieur à 1789 la marche de l'expropriation était complètement administrative. Il eût été peut-être plus exact de dire qu'elle était exclusivement réglée par l'autorité royale en dehors de toute intervention de l'autorité judiciaire, l'autorité administrative, telle que nous la comprenons, n'existant pas, à proprement parler, dans l'ancienne monarchie. Quoi qu'il en soit, nous allons analyser ou rappeler quelques documents qui feront ressortir le caractère de l'expropriation à l'époque où nous nous plaçons.

9. L'édit d'octobre 1666, pour la construction du canal du Languedoc, décide que le canal sera fait suivant les plans et devis du chevalier de

Merville (*par nous arrêté, ci attaché sous le contre-scel de notre chancellerie*), qu'à cet effet, l'entrepreneur pourra prendre toutes les terres et héritages nécessaires à la construction dudit canal, lesquels seront payés par le Roi, suivant « l'estimation qui en sera faite par experts qui « seront nommés par les commissaires députés « par lui. » Les seigneurs particuliers des fiefs et justices dans le ressort desquels lesdites terres et héritages seront situés, seront indemnisés suivant pareille *estimation qui sera faite par experts et gens à ce connaissant.*

10. L'édit de mars 1679 pour la construction du canal d'Orléans, les lettres-patentes en date de novembre 1719 pour la construction du canal du Loing, celles du 30 septembre 1770 pour le canal de Gisors, contiennent des dispositions analogues. Il en est de même des arrêts du Conseil du 31 août 1728, relatifs au flottage de la Dordogne, et du 23 juillet 1783 sur la navigation de la Loire.

Un arrêt du Conseil du 5 novembre 1776, relatif à la construction d'un canal en Poitou, réserve formellement aux autorités royales la connaissance de toutes les difficultés qui pourraient s'élever. L'art. 30, en effet, est ainsi conçu : « Évoque Sa Majesté, à soi et à son Conseil, toutes « les contestations qui pourraient naître au sujet « de ladite entreprise, tant entre les entrepreneurs

« que celles des propriétaires entre eux ou autres « circonstances en dépendances d'icelles ; renvoie « par devant ledit sieur intendant commissaire « départi en la généralité de Tours, pour y être « fait droit sur l'appel du Conseil, en attribuant « à cet effet toute cour et juridiction ; faisant « défense à ses cours et autres juges d'en con- « naître et aux parties de se pourvoir ailleurs, à « peine de cassation de procédure et de 500 livres « d'amende, et de tous dépens, dommages-in- « térêts. Enjoint Sa Majesté audit sieur inten- « dant, commissaire départi, de tenir la main à « l'exécution du présent arrêt. »

11. L'arrêt du Conseil du 26 mai 1705, relatif aux alignements, après avoir chargé les commissaires d'évaluer la valeur des terrains laissés aux propriétaires riverains sur les chemins abandonnés et celle des terrains pris aux propriétaires atteints par le nouveau tracé afin que ceux-ci soient indemnisés par les premiers jusqu'à concurrence de la valeur des terrains acquis par eux, chargent lesdits commissaires et trésoriers de France, de l'exécution de l'arrêt ; lesquels rendront à cet effet chacun en leur département les ordonnances nécessaires, *lesquelles seront exécutées sans opposition ou appellation quelconque : et en cas d'appel, Sa Majesté se réserve à Elle et à son Conseil la connaissance.*

Les Trésoriers de France étaient dans ces derniers temps, généralement chargés de constater l'utilité et les frais de l'entreprise qui nécessitait l'expropriation. Pour y arriver, ils suivaient certaines formes qu'ils ont constatées dans leur ordonnance du 29 mars 1754, qui a servi de modèle à nos enquêtes de *commodo* et *incommodo*.

12. Pour terminer ce que nous avons à dire sur l'expropriation dans notre ancien Droit, nous citerons Pothier, au *Traité de la Vente :* « Une « vente peut aussi être forcée pour cause de né« cessité publique ou même seulement d'utilité « publique;.... si le propriétaire à qui il est or« donné de vendre son héritage pour cause d'uti« lité publique, soit au roi, soit à une ville, soit « à une université, convient lui-même du prix « avec les commissaires du roi, de la ville, ou « de l'université, cette convention est un vrai « contrat de vente. S'il ne veut convenir de rien « et qu'il se laisse contraindre à abandonner son « héritage pour le prix réglé par des experts, il « n'y a point de convention, mais l'arrêt ou « sentence rendue contre lui en tient lieu. — « Lorsqu'une chose vendue pour cause d'utilité « publique a été faite *divini aut publici juris*, « comme si on en a fait un cimetière, une rue, « ou place publique, il est évident que toutes les « hypothèques ou autres charges dont cette chose « était tenue s'éteignent, sauf aux créanciers et

« autres qui auraient quelque droit sur cette « chose à se venger sur le prix, suivant l'ordre « de leurs hypothèques et de leurs priviléges : « d'où il suit qu'une telle vente ne peut donner « lieu à aucune obligation de garantie. »

Cet éminent jurisconsulte résumait ainsi brièvement la nature de l'expropriation telle qu'on la comprenait de son temps, et l'on peut constater dès maintenant que la dernière partie du passage que nous venons de citer conviendrait parfaitement pour exprimer les effets du jugement d'expropriation sous l'empire de la loi du 3 mai 1841.

En résumé dans notre ancien Droit, il n'existait pas un système unique et invariable d'expropriation, seulement le principe était reconnu : et des actes spéciaux de la puissance royale l'appliquaient aux différentes hypothèses qui pouvaient se présenter.

§ II.

DEUXIÈME ÉPOQUE, DE 1789 A LA LOI DU 3 MAI 1841.

13. Art. 17 du préambule de la Constitution du 3 septembre 1791. Code Napoléon, art. 545.

14. Principe toujours admis. — Diversement appliqué.

15. 1er système. —Loi des 7-11 septembre 1790.

13. La Révolution qui plaçait si haut l'intérêt de l'État devait nécessairement admettre l'expropriation pour cause d'utilité publique. On pouvait d'ailleurs prévoir que la société nouvelle si pleine d'activité et de besoins jusqu'alors inconnus ne manquerait pas d'en faire un large et fréquent usage. Aussi, solennellement affirmé par l'art. 17 du préambule de la Constitution du 3 septembre 1791, le principe de l'expropriation pour cause d'utilité publique a-t-il été reconnu par toutes les constitutions qui se sont succédé en France jusqu'à la Constitution du 14 janvier 1852. Il a reçu d'un autre côté une consécration définitive et permanente dans l'art. 545 du Code Napoléon.

14. Mais le principe toujours admis a été diversement appliqué. Depuis 1790, quatre systèmes ont été successivement mis en pratique avant d'arriver au cinquième système, celui de la loi du 3 mai 1841 combinée avec le sénatus-consulte du 25 décembre 1852, qui nous régit actuellement.

15. Le premier système est celui de la loi des 7-11 septembre 1790. — L'utilité publique est reconnue l'expropriation prononcée et l'indem-

nité liquidée par l'autorité administrative seule, sans concours de l'autorité judiciaire. La propriété est complètement abandonnée à l'arbitraire administratif, abandon d'autant moins rassurant, qu'à cette époque l'administration active et l'administration contentieuse étaient confondues.

16. Le second système date des lois du 28 pluviôse an VIII et du 16 septembre 1807.

La propriété obtient une première et insuffisante garantie. C'est toujours à l'administration de déclarer l'utilité publique, d'exproprier les terrains, mais le réglement des indemnités est remis à l'administration contentieuse créée par la loi du 28 pluviôse an VIII. Ce n'est plus un agent, mais le Conseil de préfecture, un tribunal administratif, qui n'est pas engagé dans les actes de l'administration comme l'agent, qui est chargé de liquider les indemnités. La loi du 16 septembre 1807 sur le dessèchement des marais, laisse intactes les prérogatives de l'administration.

17. Le troisième système fut inauguré par la loi du 8 mars 1810.

Les propriétaires ne cessent pas de réclamer, ils soutiennent avec raison qu'un tribunal administratif nécessairement placé sous l'influence de l'administration ne leur présente pas les garanties qu'ils sont en droit d'exiger. Ils demandent l'intervention du juge ordinaire gardien et protecteur de la propriété privée. Il y avait là un intérêt vrai et pratique, et non pas seulement de vaines réclamations ou de creuses théories exploitées par les ambitieux de tous les temps, Napoléon devait le comprendre.

Il s'émut, en effet, des réclamations et il dicta à Schœnbrun, le 29 septembre 1809, une note qui indique avec une simplicité et une clarté admirables les éléments d'une législation nouvelle. La loi du 8 mars 1810 est la conséquence et l'application de la note de Napoléon. Le système de l'Empereur change complètement les conditions de l'expropriation. La propriété est entourée de garanties telles qu'on les a trouvées depuis exagérées et qu'on n'a pas cru devoir les maintenir. Voici en effet les dispositions essentielles de la nouvelle loi : l'utilité publique est déclarée par un décret impérial, les terrains dont la cession est reconnue nécessaire sont désignés par le Préfet après l'accomplissement d'une série de formalités destinées à avertir les intéressés et à provoquer leurs observations ; le tribunal civil prononce l'expropriation : il ne peut la prononcer que si les formalités exigées par la loi ont été accomplies; mais, leur accomplissement une fois constaté, le tribunal doit prononcer l'expropriation sans avoir à rechercher les motifs qui ont fait agir l'administration ; le tribunal est en outre chargé de liquider l'indemnité : il fixe la valeur des terrains expropriés avec les renseignements que lui fournissent les titres, et d'après un rapport d'experts.

18. La loi du 7 juillet 1833 vient modifier le système de la loi de 1810 qui, trop exclusivement préoccupée des intérêts de la propriété, apportait des entraves à l'exercice du droit social. Les travaux les plus urgents étaient retardés indéfiniment par les lenteurs de la procédure devant les tribunaux, et l'administration, tenue en échec jusqu'au réglement des indemnités, était exposée à voir l'opportunité et par suite le succès d'une entreprise de la plus haute importance, gravement compromis par les retards de l'action judiciaire. D'un autre côté, l'administration se plaignait de ce que les tribunaux enrichissaient les expropriés à ses dépens. Les tribunaux devaient, en effet, s'en rapporter à des experts généralement dévoués aux propriétaires, et qui parfois ne reculaient pas devant des exagérations scandaleuses. Les magistrats ne réprimaient guère ces écarts et ne se croyaient pas tenus à une justice bien rigoureuse, quand ils avaient en face d'un propriétaire l'administration le plus souvent représentée par des compagnies, des concessionnaires, des entrepreneurs; en un mot, par des spéculateurs qu'on voyait avec peu de faveur à une époque surtout où le mouvement des affaires était loin d'être entré dans les mœurs comme il l'est aujourd'hui. Une réforme était nécessaire. Le législateur de

1833 le comprît, et la loi du 7 juillet 1833 introduisit un nouveau régime d'expropriation.

D'après cette loi, l'utilité publique est déclarée par une loi pour les grands travaux et par une ordonnance pour les travaux secondaires. Les parcelles à exproprier sont ensuite désignées par le préfet. L'expropriation est toujours prononcée par le tribunal; mais la liquidation de l'indemnité est remise à un jury spécial de douze membres, choisis de façon à présenter des garanties sérieuses à l'intérêt privé et à l'intérêt public. Ce jury a sur les experts l'avantage de n'être par sa position soumis à aucun intérêt particulier, et son indépendance vis-à-vis de l'administration garantit au propriétaire bonne et loyale justice. L'institution du jury est un emprunt fait à la loi Anglaise. Elle a produit chez nous à peu près ce qu'on en attendait, et l'on peut désormais la regarder comme une conquête définitive.

Telles sont les notions historiques que nous devions rapidement rappeler avant d'exposer la législation actuelle.

LÉGISLATION ACTUELLE.

Loi du 3 mai 1841 et Sénatus-consulte du 25 décembre 1852.

---

19. La loi du 3 mai reproduit en grande partie la loi du 7 juillet 1833, mais ses auteurs ont profité de l'expérience de près de dix années, et, pour éviter toute confusion, ils ont eu l'heureuse idée de codifier dans la nouvelle loi toutes les dispositions relatives à l'expropriation directe et immobilière, la seule dont nous ayons à nous occuper, de telle sorte que la loi de 1841 est le code de la matière que nous avons à étudier. Il faut toutefois noter le sénatus-consulte du 25 décembre 1852 qui a apporté une modification importante au mode de déclaration de l'utilité publique.

20. Nous étudierons l'expropriation directe et immobilière sous les divisions suivantes :

Dans un premier chapitre nous définirons l'expropriation que règle la loi du 3 mai 1841, et de l'analyse de cette définition nous déduirons les caractères essentiels de cette expropriation.

Dans un second chapitre nous indiquerons comment l'utilité publique est constatée, par qui elle est déclarée, comment on désigne les immeubles que cette déclaration atteint.

Dans un troisième chapitre nous verrons par qui est prononcée l'expropriation, et dans quelle forme ; le caractère de l'intervention judiciaire ; les effets du jugement d'expropriation.

Dans un quatrième chapitre nous verrons par qui et comment sont liquidées les indemnités.

Dans un cinquième chapitre nous nous occuperons de la prise de possession et du paiement des indemnités.

Le sixième chapitre sera consacré à la rétrocession, qui peut avoir lieu dans certains cas, des immeubles expropriés à leurs propriétaires.

Enfin dans un septième et dernier chapitre nous indiquerons plusieurs exceptions aux règles ordinaires de l'expropriation.

CHAPITRE PREMIER.

DÉFINITION ET CARACTÈRES DE L'EXPROPRIATION DIRECTE IMMOBILIÈRE RÉGIE PAR LA LOI DU 3 MAI 1841.

21. Définition.
22. Il faut qu'il y ait aliénation. — *Quid* du dommage permanent ?
23. L'aliénation doit être forcée. — Certaines cessions volontaires assimilées à l'expropriation
24. Propriétés immobilières susceptibles d'expropriation.
25. Idem.
26. Idem.
27. Idem.
28. *Quid* d'un immeuble dépendant du domaine public ?
29. De l'utilité publique.
30. Loi du 13 avril 1850. — Décret du 26 mars 1852.
31. Un intérêt privé ne peut jamais motiver l'expropriation.
32 Qui peut entreprendre des travaux d'utilité publique ?
33. L'utilité publique doit être dûment constatée.
34. L'exproprié a droit à une indemnité.
35. L'indemnité doit être juste.
36. Elle doit être préalable à la prise de possession.

21. L'expropriation que régit la loi du 3 mai 1841, est l'aliénation forcée d'une propriété privée et immobilière imposée au propriétaire pour cause d'utilité publique, dûment constatée moyennant une juste et préalable indemnité.

Reprenons les termes de cette définition.

22. D'abord il faut qu'il y ait aliénation, c'est-à-dire déplacement complet et absolu de la propriété. Le dommage même permanent ne constitue pas une expropriation. La Cour de cassation l'avait cependant admis en faisant entre le dommage même permanent et le dommage temporaire une distinction toujours repoussée par le Conseil d'État. Mais elle s'est depuis ralliée à la jurisprudence du Conseil, et a fixé sa doctrine par un arrêt du 29 mars 1852 (1).

23. L'aliénation doit être forcée : si elle était volontaire, ce serait une vente ordinaire. Or, grande est la différence entre les deux : après l'expropriation, les tiers ne peuvent plus faire valoir leurs droits sur l'immeuble exproprié,

(1) S. 52. 1-410.

tandis que ces droits conservent leur efficacité après une vente ordinaire. Il faut toutefois prendre garde de voir une simple vente dans tout accord passé entre l'administration et les parties. Il importe de bien distinguer suivant les cas. Dans la prévision d'un travail d'utilité publique, l'administration offre un certain prix d'un immeuble dont elle aura besoin, le propriétaire accepte. Il n'y a bien là qu'une vente du droit commun. On doit au contraire considérer comme une aliénation forcée la cession consentie en vue d'éviter un jugement d'expropriation imminent qui interviendrait nécessairement; la loi décide en effet qu'une telle cession produit les effets du jugement qu'elle ne fait que prévenir.

24. Il faut que l'aliénation forcée porte sur une propriété privée.

Pour rester dans notre hypothèse et dans celle de notre loi, l'expropriation doit porter sur une propriété privée immobilière. Toute propriété immobilière peut-elle être expropriée? L'art. 517 du Code Napoléon distingue les biens immeubles en trois catégories : les immeubles par leur nature, les immeubles par leur destination, les immeubles par l'objet auquel ils s'appliquent. Ces trois classes d'immeubles sont-elles susceptibles d'expropriation?

25. Pour les immeubles par leur nature, l'affirmative est évidente.

26. En eux-mêmes, les immeubles par destination sont des meubles ; nous n'avons pas à nous en occuper à ce point de vue. Nous avons seulement à nous demander dans quel cas ils seront compris comme accessoire dans l'expropriation ? Il en sera ainsi toutes les fois qu'attachés au fonds à perpétuelle demeure, ils ne pourront en être détachés sans détérioration pour eux ou pour l'immeuble. Dans les autres cas, ils restent au propriétaire qui peut les employer comme bon lui semble, et bien entendu il aura droit à ce que l'on tienne compte dans l'évaluation de l'indemnité qui lui est due, du dommage que peut lui occasionner l'expropriation.

On ne distingue pas les récoltes et les fruits dépendants du sol lui-même : il en est tenu compte dans l'estimation de la valeur du fonds.

27. Les immeubles, par l'objet auquel ils s'appliquent, sont l'usufruit des choses immobilières, les servitudes foncières, les actions qui tendent à revendiquer un immeuble (C. N. 526).

Écartons d'abord cette dernière action : l'administration peut avoir besoin d'entrer en possession d'un immeuble, mais elle ne peut avoir aucun intérêt à acquérir une action en revendication. Elle n'a, comme nous le verrons, à se préoccuper que du propriétaire apparent, et si elle a des doutes par suite de dénonciations qui lui ont été faites, elle consignera l'indemnité qui ne sera acquise qu'après jugement à celui que la justice aura déclaré le véritable propriétaire.

Quant à l'usufruit des choses immobilières, il résulte des art. 5 et 21 de notre loi que l'administration n'est pas tenue de poursuivre l'expropriation, en suivant deux procédures distinctes contre le propriétaire et contre l'usufruitier. Mais si l'administration, après avoir acquis la nue-propriété séparément, avait ensuite besoin du fonds sur lequel s'exerce l'usufruit dont elle croyait pouvoir attendre l'extinction, elle serait, en face de l'usufruitier, dans la même position qu'en face de tout propriétaire d'un immeuble : elle ne pourrait le dépouiller qu'en suivant les formes ordinaires. Il est évident qu'il n'en serait pas ainsi si, l'administration ayant entendu acquérir la pleine propriété, l'usufruitier s'était entendu frauduleusement avec le nu-propriétaire pour dissimuler son usufruit lors du traité intervenu entre le propriétaire et l'administration. L'usufruitier n'aurait alors de recours que contre le nu-propriétaire, comme dans le cas où celui-ci a omis de le faire connaître à l'administration au cours d'une procédure d'expropriation.

Ce que nous venons de dire s'étend aux droits d'usage et d'habitation qui ne sont que des droits d'usufruit restreint.

En thèse générale, l'expropriation n'est pas nécessaire pour priver un fonds d'un droit de servitude. L'expropriation d'un fonds emporte la résolution de tous les droits réels qui pouvaient exister sur lui. Mais il peut se faire que, sans exproprier ni le fonds dominant ni le fonds servant, l'exécution d'un travail exige la suppression d'une servitude. La question s'est présentée devant la Cour impériale de Caen qui avait jugé que la servitude constituait une propriété immobilière dont la cession ne pouvait être exigée que dans les conditions de la loi du 3 mai 1841. La Cour de cassation appliquant, selon nous, les vrais principes, cassa l'arrêt de Caen et décida que les servitudes étant une qualité, non une partie du fonds, leur suppression ne constituait pas une expropriation partielle, mais simplement un dommage causé à la propriété, dommage à apprécier et à réparer aux termes de la loi du 20 pluviôse an VIII par le Conseil de Préfecture (1).

La même Cour a admis que, dans le cas où la suppression de la servitude procéderait de travaux en vue desquels aurait été requise l'expropriation, et où ces travaux enlèveraient au propriétaire qui jouissait de la servitude une portion quelconque de sa propriété, il appartiendrait dès lors au jury d'apprécier le dommage causé par la suppression de la servitude (2). Ce n'est pas, à proprement parler, une exception à la jurisprudence de l'arrêt qui précède : la suppression

(1 D. 65, 1, 167-68, 1, 116, S. 68, 1, 114.
(2) S. 63. 1-549.

de la servitude se range dès lors au nombre des dommages causés par l'expropriation à la partie de l'immeuble non expropriée, un des éléments indiqués par notre loi, de l'indemnité d'expropriation due au propriétaire.

Il faut appliquer en sens inverse ce que nous venons de dire de la suppression d'une servitude active, à la création d'une servitude passive. La création d'une simple servitude sur un immeuble ne constitue qu'un dommage : mais si une partie de l'immeuble auquel la servitude est imposée est expropriée, ce sera au jury d'expropriation de tenir compte de la servitude dans l'évaluation de l'indemnité.

Tout l'intérêt de cette double hypothèse est la question de compétence du Conseil de Préfecture ou du jury.

28. L'expropriation peut-elle atteindre un bien du domaine public de l'État ?

La question présentée sous cet aspect n'est pas une question. L'expropriation ayant pour but et pour résultat de faire passer l'immeuble dans le domaine de l'État, comme il en fait déjà partie, il n'y aurait qu'un changement d'affectation. Il est également clair que si le terrain est déclassé et passé dans le domaine privé de l'État, il peut être exproprié comme toute autre propriété. Aussi, n'est-ce point sous cette double forme que se présente ordinairement la question entre l'État et les concessionnaires d'entreprises d'utilité publique. Voici en effet comment elle vient de se présenter devant le Tribunal civil de Pont-l'Évêque et la Cour impériale de Caen, entre l'État et la Compagnie des chemins de fer de l'Ouest. La Compagnie avait, conformément aux plans approuvés par le Ministre, édifié une gare sur des terrains faisant partie du domaine public de l'État. Celui-ci réclama une indemnité, la Compagnie refusa en disant que les terrains pris par elle n'avaient pas cessé de faire partie du domaine public. L'État soutenait, au contraire, que le Gouvernement ayant le droit de déclasser les biens du domaine public, ce déclassement avait eu lieu par l'approbation des plans par le Gouvernement, et que, par conséquent, une indemnité était due. La Cour, par son arrêt du 30 décembre 1867, a confirmé le jugement du tribunal, qui admettait la prétention de l'État.

29. L'expropriation doit avoir lieu pour cause d'utilité publique. L'utilité publique est le principe et la mesure du droit de la société. La loi du 16 septembre 1807, disait: l'utilité générale; une loi antérieure, avait dit: la nécessité publique; toutes les lois postérieures, disent: l'utilité publique. Aucun texte, d'ailleurs, ne définit l'utilité publique: c'est une question d'appréciation. Toutefois, il résulte des mots mêmes, que le Gouvernement doit avoir en vue un travail exigé

par un des grands services publics auxquels il est chargé de pourvoir. L'affectation à l'usage public est donc la condition nécessaire. L'utilité publique précise mieux cette idée que l'expression plus vague : l'utilité générale. On pourrait entendre, par cette dernière, tout ce qui pourrait être utile, d'une façon quelconque, aux intérêts communs au-delà des limites que le législateur lui-même ne peut dépasser.

L'expropriation ne peut être demandée que dans l'intérêt des grands services publics auxquels l'administration est chargée de pourvoir, et l'affectation de l'immeuble exproprié à un usage public en est la condition essentielle. L'utilité publique est tellement de l'essence de l'expropriation aux yeux du législateur de 1841, que notre loi accorde le droit de se faire rétrocéder leurs immeubles aux propriétaires dont les terrains n'ont pas été employés aux travaux d'utilité publique en vue desquels ils avaient été acquis.

30. Nous devons signaler deux dispositions législatives dans lesquelles on a vu une double dérogation à nos principes :

1° L'art. 13 de la loi du 13 avril 1850 sur l'assainissement des logements insalubres, décide qu'en cas d'insalubrité résultant de causes permanentes qui ne peuvent être détruites que par des travaux d'ensemble, la commune peut faire ces travaux, et, à cet effet, exproprier les propriétés comprises dans leur périmètre.

Les travaux terminés, les portions de propriétés situées en dehors des alignements arrêtés pour les nouvelles constructions peuvent être revendues aux enchères publiques sans que les anciens propriétaires puissent demander l'application des art. 60 et 61 de la loi du 3 mai 1841, c'est-à-dire exiger la remise des terrains qui doivent faire retour à la propriété privée.

2° Au terme d'un décret du 26 mars 1852, généralisant un décret de 1848, relatif à la prolongation de la rue de Rivoli, « dans tout projet « d'expropriation pour l'élargissement, le redres- « sement ou la formation des rues de Paris, « l'Administration aura la faculté de comprendre « la totalité des immeubles atteints, lorsqu'elle « jugera que les parties restantes ne sont pas « d'une étendue ou d'une forme qui permettent « d'y élever des constructions salubres. Elle « pourra pareillement comprendre dans l'expro- « priation des immeubles en dehors des aligne- « ments, lorsque leur acquisition sera nécessaire « pour la suppression d'anciennes voies publi- « ques jugées inutiles. Les parcelles de terrains « en dehors des alignements et non susceptibles « de recevoir des constructions salubres, seront « réunies aux propriétés contiguës, soit à l'amia- « ble, soit par l'expropriation de ces propriétés, « conformément à l'art. 53 de la loi du 16 sep- « tembre 1807. »

Ces deux dispositions sont tout-à-fait spéciales, elles constituent une dérogation aux principes ordinaires, mais cette dérogation se justifie par l'importance exceptionnelle des travaux de Paris.

31. Il est évident qu'un intérêt privé ne peut jamais légitimer une expropriation, quelque peu importante qu'elle soit et quelque favorable que puisse être l'intérêt qui la réclame. La Cour de cassation a fait, en 1825, une application de ce principe à une hypothèse dans laquelle on eut été heureux de le voir fléchir si cela eut été possible.

Le Code Napoléon semble admettre une exception dans les art. 582 et 941, qui accordent : le premier, le droit à un passage sur le fonds voisin au propriétaire enclavé ; le second, la faculté du retrait successoral contre les acheteurs de droits héréditaires. Mais on reconnaît, en y réfléchissant, que le législateur ne s'est pas seulement préoccupé des intérêts privés et qu'il a été inspiré surtout par des considérations d'ordre public les plus élevées.

32. Qui peut, aux yeux de la loi, entreprendre des travaux ayant le caractère de l'utilité publique nécessaire pour autoriser l'expropriation. Il n'y a pas de doute possible pour l'État et le Département ; mais pour les Communes, on en avait fait une question avant que la loi du 3 mai 1841 ne fût venue la résoudre. L'art. 3 de cette loi met sur la même ligne les travaux entrepris

par l'État, le Département ou la Commune. Avant la loi de 1841, le Conseil d'État avait constamment répondu, ce qui est encore vrai aujourd'hui, que les travaux des communes étaient des travaux d'utilité publique quand ils étaient entrepris dans l'intérêt collectif de la commune, considérée comme communauté politique, mais qu'ils perdaient ce caractère lorsqu'ils n'avaient en vue que les intérêts de la commune, considérée comme propriétaire privé.

Ainsi peuvent être déclarés d'utilité publique les travaux entrepris par l'État, le Département et les Communes, peu importe qu'ils agissent directement ou qu'ils soient représentés par des compagnies concessionnaires ou des entrepreneurs.

33. L'utilité publique doit être dûment constatée. Il est certain que la loi confère à l'administration un pouvoir discrétionnaire pour constater et déclarer l'utilité publique ; mais elle ne le lui a confié, elle ne l'a autorisée à l'exercer qu'à la condition de remplir certaines formalités. La loi a en outre déterminé quelles autorités administratives doivent déclarer l'utilité publique. Il n'y a, par conséquent, utilité publique dûment constatée que lorsqu'elle a été déclarée par les autorités compétentes, après l'accomplissement des formalités exigées par la loi. Ces formalités constituent pour la propriété les garanties es-

sentielles, de l'existence desquelles l'autorité judiciaire doit s'assurer avant de prononcer l'expropriation.

34. S'il est évident qu'au nom de l'intérêt social on peut forcer un propriétaire à céder ses droits, il n'est pas moins certain qu'on ne peut l'y contraindre sans lui donner un équivalent. Le sacrifice imposé au propriétaire lui donne droit à une indemnité qui seule rend possible et légitime l'exercice du droit d'expropriation. La loi de 1841 l'admet ; elle confirme en cela l'art. 545 du Code Napoléon, au terme duquel tout propriétaire qu'on veut exproprier doit recevoir une juste et préalable indemnité.

35. L'indemnité doit être juste, en ce sens qu'elle doit représenter très-largement tout le préjudice causé. On doit même, par une appréciation aussi favorable que possible, essayer d'adoucir les regrets du propriétaire séparé, malgré lui, de sa chose ; et, à ce point de vue, on tiendra compte des intérêts d'affection et de famille qui peuvent augmenter ces regrets. On devra toutefois se tenir dans une juste mesure : l'exproprié a droit à une indemnité complète, large même ; mais il n'a pas le droit de prétendre à un lucre, comme cela avait lieu souvent sous la législation trop favorable aux intérêts privés du premier Empire. Les jurés doivent se rappeler

que le législateur, en les substituant aux experts auxquels les tribunaux devaient se rapporter, a compté trouver en eux des hommes qui sauraient tenir compte des intérêts privés, mais assez éclairés pour ne pas se croire le droit d'enrichir arbitrairement les particuliers aux dépens de l'administration ou des compagnies et entrepreneurs qui la représentent.

36. L'indemnité ne doit pas seulement être juste, elle doit encore être préalable, au terme des articles 545 du Code Napoléon et 17 du préambule de la Constitution de 1791. A s'en tenir au texte de l'art 545, on croirait qu'il exige que l'indemnité soit préalable à l'aliénation et que le propriétaire doit rester dans tous ses droits tant qu'il n'a pas entre les mains le montant de son indemnité : il n'en est rien. L'indemnité n'est préalable qu'à la prise de possession. A partir du jugement de l'expropriation, le propriétaire a cessé de l'être, mais il conserve sa chose à titre de gage jusqu'au paiement. Cette garantie était rendue indispensable par le caractère du débiteur que le jugement donne à l'ancien propriétaire devenu créancier d'un prix de vente contre l'État, le Département ou la Commune. Ces derniers ne payent leurs créanciers que par voie d'ordonnancement. Leurs créanciers n'ont aucun moyen de les contraindre et ils sont obligés de se soumettre aux convenances de leur

budget. La loi, pour rassurer les propriétaires, n'autorise l'administration à les dépouiller qu'après paiement.

37. Quelle est la sanction pratique et efficace du droit du propriétaire de ne pas se dessaisir avant d'avoir été payé. Qu'aura-t-il à faire si l'administration prend possession sans avoir acquitté l'indemnité ?

Il semble d'abord que le propriétaire a le droit de s'opposer par des moyens matériels à l'envahissement de son terrain sans commettre le délit prévu et réprimé par l'art. 438 du Code pénal : il ne ferait que repousser la violence par la violence. Mais ce serait un moyen regrettable qui aurait souvent le tort de ne pas être efficace et qui d'après une jurisprudence qui semble sacrifier les droits légitimes des citoyens aux prétentions de l'administration pourraient exposer les propriétaires à des poursuites correctionnelles. Le mieux pour eux est de s'adresser à l'autorité judiciaire. Ce mode de recours nous paraît leur appartenir incontestablement. La propriété est placée par notre loi sous la sauvegarde des tribunaux : c'est eux qui sont chargés de lui assurer les garanties que leur accorde la loi. Or, la loi veut que nul ne soit dépouillé de sa propriété sans avoir reçu une indemnité préalable ; elle a donc nécessairement voulu que les tribunaux pussent forcer l'administration à respecter cette prescription d'ordre public. La règle constitutionnelle de la séparation du pouvoir administratif et du pouvoir judiciaire reçoit ici une exception dans la mesure du mandat de protection de la propriété privée que la loi confère à l'autorité judiciaire. Il est évident que si, comme on le prétend, l'autorité administrative pouvait seule empêcher l'invasion illégale de la propriété, il serait inutile de dire que la propriété est placée sous la sauvegarde de l'autorité judiciaire. Ce principe si nettement affirmé par Napoléon et par la loi de 1810 serait devenu illusoire dans les législations qui ont suivi. Ce serait un principe sans conséquence dont on trouverait l'inutilité dès qu'on aurait besoin de l'appliquer sérieusement. Dans une loi spéciale qui déroge par conséquent à toutes les autres, on dit au propriétaire qu'il n'a rien à craindre, que son droit est entouré de garanties, que l'autorité judiciaire est chargée d'une façon toute spéciale de lui en assurer l'existence : un propriétaire vient dire à cette autorité qu'on viole son droit et celle-ci pourra lui répondre : je le reconnais, mais je n'y puis rien, demandez à ceux qui violent la loi de vouloir bien la respecter ! Nous ne pouvons admettre cette conséquence : ce serait bien là livrer la propriété à l'arbitraire administratif. Aussi pensons-nous que le propriétaire dont les droits auront été violés pourra s'adresser à l'autorité judiciaire pour faire prononcer la discontinuation des travaux.

Cette suspension peut être valablement prononcée par la voie de référé.

La Cour impériale de Caen s'est prononcée en ce sens par un remarquable arrêt du 24 juin 1867, rendu par la 4e Chambre présidée par M. le président Champin. — On trouve dans le même sens un arrêt de la Cour de Paris du 2 avril 1842. En 1843, le Conseil d'État repoussa la doctrine de cet arrêt. (Arr. du 19 juillet.)

Quant aux travaux faits malgré les protestations du propriétaire, il semblerait qu'à la rigueur les tribunaux auraient le droit d'en ordonner la destruction. Mais comme en définitive ces travaux sont d'utilité publique, les tribunaux devront agir avec une grande prudence. On peut d'ailleurs facilement concilier tous les intérêts, en ordonnant la démolition des travaux dans un délai assez long pour que l'administration ait très-largement le temps de se mettre en règle.

38. Telle est l'expropriation réglée par la loi du 3 mai 1841. Nous avons vu que ses caractères et sa nature se résument dans la définition que nous en avons donnée et que nous avons analysée. Voyons maintenant, en suivant nos autres divisions comment procède cette expropriation que nous connaissons.

CHAPITRE II.

DÉCLARATION D'UTILITÉ PUBLIQUE ET DÉSIGNATION DES PARCELLES A EXPROPRIER.

39. Division.

39. Nous diviserons ce chapitre en deux paragraphes. Dans le premier, nous verrons comment on arrive à constater l'utilité publique et de quelle manière elle est déclarée ; dans le second, nous examinerons comment on procède à la désignation des parcelles dont la cession devra être exigée.

§ I.

DE LA CONSTATATION ET DE LA DÉCLARATION DE L'UTILITÉ PUBLIQUE.

40. Étude du projet. — Préparation du plan — Arrêté du Préfet.

41. Enquête de *commodo* et *incommodo*. — Caractère et but de l'enquête.

42. L'enquête est obligatoire.— Il suffit que le décret déclaratif la mentionne. — Quant à sa régularité, compétence administrative.

43. Sénatus-consulte du 25 décembre 1852. — Tous les travaux publics sont autorisés par l'Empereur.

44. Intervention purement budgétaire du Corps législatif.

45. Le décret impérial est-il susceptible de pourvoi ?

46. Loi du 21 mai 1836.

40. Aux termes du sénatus-consulte du 25 décembre 1852, l'utilité publique est déclarée par l'Empereur. Mais cette déclaration est précédée de l'étude du projet et de l'accomplissement de certaines formalités. L'étude du projet et la préparation des plans sont confiées à des hommes spéciaux. Dès ce moment, on se trouve en présence des droits des propriétaires ; les gens de l'art ont en effet à résoudre un grand nombre de questions qui ne peuvent être étudiées que sur le terrain. Il faut donc qu'ils puissent y pénétrer, quelle que soit la volonté du propriétaire. Voilà pourquoi un arrêté du Préfet autorise les ingénieurs et les agents de l'administration à pénétrer dans les propriétés particulières pour sonder le terrain, examiner le nivellement, poser les jalons, etc. Le propriétaire, à la connaissance duquel l'arrêté préfectoral a été porté, qui empêcherait les agents ainsi autorisés de remplir leur mission, se placerait sous le coup des pénalités édictées par l'art. 438 du Code Pénal. C'est déjà là une

atteinte portée à la propriété privée, mais cette atteinte ne donne droit à une indemnité qu'autant qu'il y a eu préjudice. C'est une indemnité due pour simple dommage, dont le réglement appartient au Conseil de préfecture.

41. Les plans ainsi arrêtés sont soumis au contrôle des intéressés. On fait subir au projet l'épreuve d'une enquête de *commodo* et *incommodo* d'après les règles tracées par les ordonnances du 18 février 1834 et du 17 février 1835. Le pays est mis en demeure de consigner sur des registres à ce destinés ses observations sur l'utilité et l'opportunité de l'entreprise. Un avant-projet accompagné d'un mémoire descriptif met les intéressés à même de s'en rendre compte et de faire leurs observations en connaissance de cause. Les délais de l'enquête varie suivant l'importance du projet. Une commission résume et apprécie le résultat de l'enquête. La commission n'a à se préoccuper et l'enquête ne doit contenir que des observations faites en vue de l'intérêt général, portant, par exemple, sur l'exécution des travaux, sur telle direction à leur donner, sur tel moyen de les accomplir avec plus de rapidité, plus d'économie, etc.

L'utilité publique est ensuite déclarée par l'Empereur.

42. En dehors des cas prévus par la loi, cette

déclaration doit être précédée de l'enquête dont nous venons de parler. Quelle est la sanction de cette prescription de notre article 3? Dans les cas où d'après la loi du 3 mai 1841, l'utilité publique était déclarée par une loi, la question de savoir si cette loi avait été précédée d'une enquête ne pouvait être soumise à aucune juridiction. On était en présence d'un acte trop élevé pour le déférer à une autorité quelconque. La sanction était tout entière dans le respect dont les grands pouvoirs de l'État doivent donner l'exemple pour les règles établies. Nous n'étendrons pas cette solution au cas qui est maintenant le seul possible où l'utilité publique est déclarée par le Chef de l'État. Pour prononcer l'expropriation, le juge doit exiger que l'existence de l'enquête soit constatée. Une simple mention dans l'acte déclaratif doit lui suffire. Il n'a pas le droit de rechercher jusqu'à quel point les prescriptions légales ont été remplies. L'enquête constitue une opération du ressort exclusif de l'Administration. Les parties n'ont pour en assurer la régularité que les voies de recours ordinaire contre les actes administratifs devant la juridiction administrative.

43. L'art. 3 de la loi de 1841 réservait l'autorisation de certains grands travaux au pouvoir législatif. Le sénatus-consulte, 25 décembre 1852, confère à l'Empereur le droit d'autoriser tous les

travaux. Le caractère de la décision à prendre exigeait cette réforme; les députés, pour des motifs divers, substituaient les considérations d'intérêt local à celles d'intérêt général qui auraient dû les préoccuper exclusivement. Il se formait entre eux des coalitions en faveur de tel ou tel projet contre tel ou tel autre. C'est pour mettre fin à ces petites manœuvres préjudiciables au bien commun et trop souvent inspirées par les nécessités électorales, que le sénatus-consulte a déclaré que tous les travaux d'utilité publique seraient autorisés par décret de l'Empereur. On a pensé que la décision, placée à cette hauteur, serait soustraite aux mesquines préoccupations d'intérêt local et ne s'inspirerait que des intérêts généraux que le pouvoir exécutif, par la nature même de sa mission, est plus à même de connaître et d'apprécier que tout autre. Tous les décrets déclarant l'utilité publique sont rendus dans la forme des réglements d'administration publique, quelle que soit l'importance des travaux, lors même que ceux-ci appartiennent à la classe de ceux que le Chef de l'État pouvait autoriser sous l'empire de la loi de 1841. C'est ce qui résulte de la généralité de notre texte et du n° 7 de l'art. 13 du décret du 30 janvier 1852.

44. L'article du sénatus-consulte continue en ces termes : « Néanmoins, si ces travaux ou « entreprises ont pour condition des engage-

« ments ou des subsides du trésor, le crédit devra « être accordé ou l'engagement approuvé par une « loi avant la mise à exécution. » Cette intervention du Corps législatif ressort tout naturellement des attributions de cette haute assemblée : il importe d'en préciser le caractère et de ne pas en exagérer la portée. Le Corps législatif n'a à juger que la dépense. Le Pouvoir exécutif reste appréciateur souverain de l'utilité, de la direction des travaux, et quelle que soit leur importance, le Corps législatif n'a pas le droit d'intervenir si on ne demande rien au budget. Ainsi la dépense est faite à l'aide de fonds alloués par un crédit général à une classe de travaux dans laquelle rentre le travail ; ou bien encore l'entreprise est concédée à un tiers, à une compagnie qui en prend les frais à ses risques et périls : tout reste alors dans le domaine du Pouvoir exécutif.

45. Le décret impérial déclaratif d'utilité publique est-il susceptible de pourvoi ? On peut toujours adresser une requête à l'Empereur qui, sur le rapport, renverra l'affaire, s'il y a lieu, soit à une section du Conseil d'État, soit à une Commission spéciale. En outre, le décret quoique non contentieux de sa nature peut-être attaqué par la voie du contentieux administratif pour excès de pouvoir ou inexécution des formes prescrites par les lois et réglements d'administration publique. Ainsi on peut attaquer un

décret pour irrégularité de l'enquête qui a dû le précéder. (C. d. Et. 22 mars 1856.)

Le délai du recours ordinaire est de trois mois. Il court à partir du jour où les parties ont dû connaître le décret. Pour les communes le délai court à partir de la publication constatée dans la commune du décret déclaratif. (C. d. Et. 14 décembre 1850.)

46. Aux termes de la loi du 21 mai 1836, article 16, les travaux d'ouverture et de redressement des chemins vicinaux sont autorisés par le Préfet. Il exerce en ce cas, le pouvoir attribué au Chef de l'État par la loi de 1841.

§ II.

DÉSIGNATION DES PARCELLES A EXPROPRIER.

47. Arrêté ultérieur du Préfet désignant les parcelles à exproprier.

48. Plan parcellaire, indicatif des noms des propriétaires inscrits au rôle de la contribution foncière.

49. Dépôt du plan à la Mairie. — Procès-verbal du Maire.

50. Envoi des pièces à la Sous-Préfecture. — Examen par une commission.

51. Transmission au Préfet. — *Quid* si la Commission a modifié le plan ? *Quid* des travaux communaux ?

52. Le décret déclaratif ne doit pas contenir la désignation des parcelles.

47. L'utilité publique une fois proclamée par le décret impérial, il importe de désigner, sans se préoccuper des parcelles mêmes qui devront être expropriées, les localités et les territoires sur lesquels les travaux seront exécutés. De sorte que l'Administration, déjà liée par un acte antérieur, pourra l'opposer péremptoirement aux sollicitations des intérêts particuliers qui ne manquent jamais de l'assaillir lorsqu'il s'agit de désigner les parcelles à exproprier. On restreint ainsi la part laissée aux influences et à l'arbitraire : il n'est plus possible, en effet, de s'écarter de la direction indiquée. Cette première et générale désignation des localités et territoires sur lesquels les travaux doivent avoir lieu peut être faite par le décret d'autorisation, et à défaut du décret elle doit être l'objet d'un arrêté spécial du Préfet.

Un arrêté ultérieur du Préfet détermine les propriétés particulières faisant partie des localités et territoires déjà indiqués dont la cession est jugée nécessaire. Il ne faut pas méconnaître qu'il y a encore une place assez large laissée à l'arbitraire.

48. Voici comment on arrive à la désignation des parcelles. Les ingénieurs et les gens de l'art lèvent le plan parcellaire des terrains dont la

cession leur paraît nécessaire. Le plan est dressé par commune, c'est-à-dire que bien que tous les plans se tiennent et se continuent, chaque commune a son plan distinct. C'est, en effet, par commune que procède l'expropriation, qu'elle est demandée, que l'indemnité est liquidée devant le jury. Le plan est parcellaire et contient autant de numéros que de parcelles. On appelle parcelle en matière d'expropriation et de cadastre toute portion de terre distincte de celles qui lui sont contiguës, par la différence soit du propriétaire, soit de la culture, ou qui en est séparée par des murs, haies ou fossés. Ainsi, il y a autant de parcelles que de propriétaires, et dans le patrimoine d'un même propriétaire il y en a autant que de cultures différentes et d'enclos.

Le plan porte à chaque parcelle le nom du propriétaire apparent, c'est-à-dire celui dont le nom est inscrit pour la parcelle sur le rôle de la contribution foncière. Dans le droit commun on ne peut acquérir de droit que du véritable propriétaire et la bonne foi de l'acquéreur ne fait qu'abréger pour lui les délais de la prescription. On ne pouvait sans danger obliger l'administration à rechercher les véritables propriétaires. Cette recherche, souvent très-difficile, eut été, en raison du nombre si considérable des propriétaires atteints, une cause de frais et d'embarras qui auraient pu retarder et même compromettre l'exécution des travaux. Ce n'est pas à dire que si les véritables propriétaires se présentent ou sont connus de l'administration, elle puisse ne pas procéder contre eux; mais si l'administration ne les a pas connus, l'expropriation poursuivie contre un propriétaire apparent n'en est pas moins définitive (D. 46. 1. 157).

49. Le plan parcellaire reste déposé pendant huit jours à la mairie où chacun peut en prendre connaissance (art. 5). Le délai ne court que du jour de l'avertissement donné collectivement aux intéressés dans les formes prescrites par l'art. 6. Pendant huit jours les observations des intéressés sont reçues : le maire dresse procès-verbal de celles qui ont été faites verbalement et annexe à ce procès-verbal celles qui ont été faites par écrit (art. 7). Au bout de huit jours le tout est envoyé au chef-lieu de la sous-préfecture. Le délai de huit jours fixé pour la durée du dépôt des plans à la mairie doit être franc, par conséquent c'est seulement le lendemain de l'avertissement collectif que peut être ouvert le procès-verbal du maire. Si donc l'avertissement a été publié le 11 février, le procès-verbal ne peut être ouvert que le 12, pour être clos le 19 à minuit, et dès lors le jugement de l'expropriation est nul si le procès-verbal a été ouvert le 11 et clos le 19 au matin. Cette nullité peut être invoquée par l'exproprié qui aurait déjà présenté des observations avant la clôture prématurée du procès-verbal (S. 66. 1. 447).

50. Les documents envoyés à la sous-préfecture sont soumis à l'examen d'une Commission présidée par le Sous-Préfet et composée de quatre membres du Conseil général ou du Conseil d'arrondissement désignés par le Préfet, du Maire de la commune où sont situées les parcelles à exproprier et de l'un des ingénieurs chargés de l'exécution des travaux. Cinq membres doivent être présents à la délibération, les décisions sont prises à la majorité ; en cas de partage, la voix du président est prépondérante. Les propriétaires expropriés ne peuvent faire partie de la Commission, et autant que possible, on doit en écarter les autres intéressés. Lors de la discussion de la loi, on demanda la suppression du paragraphe qui excluait les propriétaires afin de rester sous l'empire du droit commun et d'exclure avec eux leurs parents au degré indiqué pour les récusations de juges et tous les autres intéressés. Sur les observations du rapporteur, la Chambre conserva la rédaction actuelle, mais il fut convenu qu'on éviterait d'appeler tous les autres intéressés. La Commission reçoit les réclamations, elle peut faire appeler les propriétaires ou les autres intéressés, et cela pendant huit jours. Les opérations doivent être terminées dans les dix jours. Si la Commission propose des modifications au tracé indiqué par les ingénieurs, le Sous-Préfet doit prendre les mêmes mesures de publicité que pour les plans primitifs. Pendant la

huitaine qui suivra ce nouvel avertissement, les pièces et le procès-verbal resteront déposés à la sous-préfecture, à la disposition des intéressés. Pour les travaux d'utilité communale, la Commission est remplacée par le Conseil municipal (art. 10).

51. Le Sous-Préfet doit transmettre au Préfet les pièces et le rapport de la Commission dans les trois jours qui suivent la fin de ses opérations. Le Préfet statue immédiatement si la Commission n'a proposé aucune modification au plan primitif, sinon il doit en référer au Ministre des Travaux publics. En fait, le Ministre intervient presque toujours. L'arrêté du Préfet doit être pris en Conseil de préfecture pour les travaux communaux; la raison de cette différence s'explique : le Conseil municipal présente moins de garanties que la Commission spéciale. D'un autre côté, en cas de désaccord entre cette Commission et les ingénieurs, le Préfet doit en référer au Ministre, tandis que si le Conseil municipal propose des modifications au plan des ingénieurs, le Préfet statue définitivement.

52. On a demandé si le Chef du Pouvoir exécutif pouvait, dans l'acte déclaratif, sans se borner à désigner les territoires qui seront atteints, déterminer les parcelles à exproprier. On l'a soutenu en disant que l'art. 22 n'avait chargé le Préfet de cette désignation que parce qu'il n'avait pas

prévu que le décret put la contenir. On ajoute que le Chef de l'État peut exercer lui-même les fonctions des agents du Pouvoir exécutif, qui ne sont que ses délégués. Cette dernière considération est vraie, mais il faut toujours que les parties aient les garanties dont la loi a entouré, dans leur intérêt, l'action des différents fonctionnaires. Or, aux termes de l'art. 3, l'arrêté ultérieur du Préfet est précédé de certaines formalités qui mettent les particuliers à même de présenter leurs observations et de fournir leurs contredits au plan proposé. Les intéressés seraient donc privés de cette garantie si les propriétés à exproprier étaient désignées par le décret déclaratif. Sans doute si, pour une cause qu'il est difficile de prévoir, le Chef de l'État voulait désigner les parcelles à exproprier, il le pourrait, mais il ne devrait le faire que par un acte postérieur au décret, et après l'accomplissement des formalités intermédiaires exigées par la loi du 3 mai 1841. L'art. 75, en autorisant la désignation des parcelles dans le décret déclaratif d'une façon exceptionnelle et spéciale pour les travaux du génie militaire et de la marine impériale, prouve bien que cette désignation n'est pas dans l'esprit de notre loi.

CHAPITRE III.

DU JUGEMENT D'EXPROPRIATION.

53. Division.

53. Nous examinerons dans ce chapitre, sous les deux divisions suivantes : 1° comment et par qui est prononcée l'expropriation ; 2° quels sont les effets du jugement d'expropriation.

§ I.

COMMENT ET PAR QUI EST PRONONCÉE L'EXPROPRIATION ?

54. L'administration n'a recours à l'expropriation qu'à défaut de traités amiables. — Dans ce cas l'expropriation est prononcée par l'autorité judiciaire.

55. Effets des traités amiables.

56. Habilitation des incapables.

57. Forme des actes.

58. Règles communes aux traités amiables et au jugement d'expropriation.

54. L'administration ne recourt à l'expropria-

tion que lorsqu'elle n'a pas pu obtenir la cession volontaire. Ce n'est qu'à défaut de traités amiables qu'elle a recours à une décision judiciaire. Les traités amiables sont le moyen d'acquérir les immeubles dont l'administration a besoin, que la loi désire voir employer. Ce n'est pas le plus fréquent; néanmoins son étude est susceptible de longs développements qui sont en dehors de notre sujet; nous nous bornerons donc à quelques notions rapides et sommaires.

55. Les traités amiables ont l'avantage de garantir à l'entreprise le concours bienveillant ou au moins la neutralité des propriétaires atteints. On n'aura pas à craindre que leur hostilité apporte des difficultés et des embarras dans l'exécution de travaux en vue desquels ils auront librement cédé leur propriété. Aussi l'administration s'efforce-t-elle de traiter à l'amiable avec les propriétaires. Elle peut faire avec eux tous les actes d'aliénation du droit commun sous l'empire des règles ordinaires. Il ne faut pas oublier que certaines cessions volontaires, consenties pour prévenir une expropriation inévitable, sont assimilées, quant à leurs effets, au jugement d'expropriation. Ces traités peuvent être plus ou moins complets; il peut se faire que du premier coup les parties s'accordent avec l'administration, non-seulement sur la cession, mais encore sur les conditions de cette cession; il est évident

qu'ils n'ont d'effet que selon l'étendue de leurs clauses.

56. Pour les propriétaires qui ont la jouissance et l'exercice de leurs droits, rien n'est plus simple que de conclure des traités amiables. Mais *quid* des incapables? L'administration n'est-elle pas toujours forcée de suivre avec eux les formes judiciaires de l'expropriation ? Notre loi ne l'a pas voulu, et dans son art. 13 elle prévoit et règle cette situation. Il existe deux catégories d'incapables soumis à deux sortes de tutelles différentes: les uns du droit civil, tels que les mineurs, les absents, les interdits, les femmes mariées sous le régime dotal, soumis à des tutelles organisées par le Code Napoléon ; les autres du droit administratif, tel que l'État, le département, la commune, les établissements publics soumis à la tutelle administrative. L'art. 13 habilite d'une façon spéciale les représentants de ces divers incapables à consentir des traités amiables. Tous les représentants de la première catégorie d'incapables peuvent traiter après autorisation donnée sur simple requête par le tribunal statuant dans la chambre du conseil, le ministère public entendu. Quant aux incapables du droit administratif, les traités sont consentis par le Conseil général pour le département, par le maire ou les administrateurs autorisés par délibération du Conseil municipal ou du Conseil d'administration

approuvée par le Préfet en Conseil de préfecture pour les communes ou les établissements publics. Le ministre des finances peut consentir l'aliénation des biens de l'État ou de ceux qui font partie de la dotation de la Couronne, sur la proposition pour ces derniers de l'intendant de la liste civile.

Il faut remarquer que les formalités exigées par notre article sont nécessaires, mais qu'elles sont suffisantes. Lors même que, d'après les règles du droit commun, d'autres garanties seraient exigées en faveur des incapables, elles ne sont pas obligatoires pour l'aliénation spéciale et favorisée que notre texte en a vue.

57. Aux termes de l'art. 56 tous les actes relatifs aux traités amiables peuvent être faits dans la forme des actes administratifs, aussi authentiques et bien moins coûteux que les actes notariés. La minute des actes restera déposée à la préfecture, expédition en sera remise à l'administration des domaines. Ces actes, comme tous les autres faits en vertu de la loi de 1841, seront visés pour timbre et enregistrés gratis lorsqu'il y aura lieu à la formalité de l'enregistrement. En outre, il ne sera perçu aucun droit pour la transcription au bureau des hypothèques (art. 58). La loi étend cette faveur justifiée par l'intérêt que méritent les grands travaux d'utilité publique aux acquisitions qui auraient été faites à l'amiable avant la désignation des terrains par l'arrêté ultérieur

du Préfet. Les droits perçus sont restitués, lorsque dans le délai de deux ans à partir de la perception, il est justifié que les immeubles acquis sont compris dans cet arrêté. La restitution ne s'étend qu'à la portion de travaux de terrains reconnus nécessaires à l'exécution des travaux. L'administration traite à l'amiable avec le propriétaire inscrit au rôle de la contribution foncière, à moins qu'elle ne connaisse le véritable propriétaire : dans ce cas, c'est avec lui qu'elle doit traiter.

Quant aux effets des traités amiables intervenus après l'arrêté qui fixe les terrains à exproprier et même après le décret déclaratif d'utilité publique, ils sont les mêmes que ceux du jugement d'expropriation. On en est expressément convenu, lors de la discussion de la loi.

Lorsque le propriétaire a consenti la cession de son immeuble, celui-ci passe aux risques de l'administration, lors même que l'accord n'a pas eu lieu sur le prix et que l'indemnité reste à fixer par le jury. Il est dans la même situation que si le jugement d'expropriation avait été prononcé contre lui.

58. Au reste, tout ce qui concerne la publicité des traités amiables, leur transcription au bureau des hypothèques et leurs effets relativement aux hypothèques, priviléges et autres droits réels, tout est soumis aux mêmes règles que le ju-

gement d'expropriation (art. 19). Nous n'étudierons donc pas ici toutes ces questions que nous examinerons à propos du jugement d'expropriation.

§ II.

DU JUGEMENT D'EXPROPRIATION ET DE SES EFFETS.

59. L'expropriation s'opère par autorité de justice.

60. Tribunal compétent.

61. Caractère de la mission du juge.

62. Comment le tribunal est-il saisi. — Procédure à suivre.

63. Article 14 de la loi du 3 mai 1841.

64. Réclamations antérieures à cette innovation. — Il dépend de l'administration en ne faisant pas rendre l'arrêté par le préfet de se soustraire à l'effet de l'art. 14.

65. Formes à suivre. — *Quid* si le Préfet n'envoie pas les pièces.

66. Le Préfet renvoie les pièces. — Décision du Tribunal.

67. Du réglement de l'indemnité poursuivi par le propriétaire.

68. Du jugement du Tribunal.

69. Points que le Tribunal doit vérifier.

70. Documents qu'il doit viser.

71. L'inscription de faux est-elle admise contre les actes produits par l'administration ?

72. Indications que le jugement doit encore contenir.

73. Conditions de publicité.

59. A défaut de conventions amiables, l'administration s'adresse à la justice pour obtenir l'expropriation des immeubles dont elle a besoin. C'est ici surtout que s'applique le principe inséré en tête de la loi du 3 mai 1841 : l'expropriation, pour cause d'utilité publique, s'opère par autorité de justice. Principe d'ordre public, qui domine notre loi tout entière et place l'ob-

servation de ses prescriptions sous la sauvegarde de l'autorité judiciaire. Il a été proclamé par Napoléon, qui le soutenait avec énergie lors de la rédaction de la loi de 1810. Il voulut le voir clairement posé, il renvoya cinq fois le projet à la section de législation et ne donna son approbation que quand il vit figurer en tête la déclaration que reproduit l'art. 1er, de façon qu'il fut évident pour tous qu'on n'était *pas exproprié par la Préfecture, mais par le Tribunal.* Ainsi, c'est la justice et non l'administration qui exproprie. L'administration est partie comme le propriétaire devant la justice.

60. Voyons maintenant comment on procède devant elle, et quel est l'effet de la décision qui intervient.

Le tribunal compétent et le tribunal civil dans l'arrondissement duquel les biens à exproprier sont situés. On ne demande pas devant lui l'expropriation pour chaque propriété privée. On ne fait pas une procédure spéciale pour chaque parcelle, on demande l'expropriation de tout un groupe de parcelles, ordinairement des parcelles situées dans la même commune.

61. Il ne faut pas se méprendre sur le caractère de la mission du tribunal. L'expropriation pour cause d'utilité s'opère par autorité de justice, c'est-à-dire que c'est la justice qui prononce la trans-

lation de la propriété privée dans le domaine public. Cela ne signifie pas que la justice a un pouvoir discrétionnaire pour prononcer ou pour refuser de prononcer l'expropriation demandée. La question d'utilité et la question d'opportunité des travaux ont été souverainement tranchées par l'administration : le juge n'a pas le droit de s'en préoccuper. Il a seulement à vérifier si les formalités exigées par la loi du 3 mai 1841 ont été remplies. Si de cet examen il résulte pour lui qu'elles ont été accomplies , il doit prononcer l'expropriation demandée. Il ne peut la refuser sous peine de commettre un excès de pouvoir, que si ces formalités n'ont pas été remplies. En d'autres termes la loi, en autorisant l'administration à s'emparer dans un certain cas de la propriété privée, établit certaines formalités qui sont les conditions essentielles de l'exercice de ce droit exorbitant, et qui constituent pour la propriété de sérieuses garanties Elles la mettent à l'abri des entreprises précipitamment conçues, mal étudiées, capricieusement dirigées en dehors du contrôle de l'opinion publique. La loi charge l'autorité judiciaire de s'assurer que ces garanties n'ont pas fait défaut aux expropriés. Ainsi, le tribunal prononce l'expropriation, vérification faite de l'accomplissement des formalités exigées par la loi.

62. Comment le tribunal est-il saisi, et quelle

est la procédure à suivre devant lui ? Lorsqu'il n'y a pas eu de conventions amiables, le Préfet transmet au Procureur impérial près le tribunal dans le ressort duquel les biens sont situés, le décret impérial qui a déclaré l'utilité publique, avec l'arrêté postérieur qui a déterminé les parcelles à exproprier. Dans les trois jours de la production des pièces attestant l'accomplissement des formalités exigées, le Procureur impérial requiert et le tribunal prononce l'expropriation. Ni le Préfet, ni le Procureur impérial ne doivent assigner les parties. Ce système eût entraîné des frais et des lenteurs qu'il importait d'éviter. Cela n'était d'ailleurs pas nécessaire, l'affaire ayant été préalablement et contradictoirement instruite par la voie administrative. Il y avait là une garantie exceptionnelle qui permettait à la loi de ne pas demander la mise en cause des propriétaires. Ceux-ci ont toutefois le droit de remettre au tribunal de simples notes propres à l'éclairer sur les irrégularités commises par l'administration. Ces notes ne sont pas soumises aux formalités judiciaires et ne rendent pas ceux qui les ont présentées parties dans l'instance, même lorsqu'ils l'ont fait par voie de requête signée par un avoué. Ce droit du propriétaire lui a été formellement reconnu dans ces limites par la loi de 1841.

Le délai de trois jours pour le réquisitoire du Procureur impérial est fixé dans l'intérêt de l'État.

Le réquisitoire pourrait donc être valablement présenté après l'expiration du délai.

Le Procureur impérial n'est en présentant ce réquisitoire que l'agent obligé du Préfet. Lors même qu'il remarquerait des irrégularités dans les pièces reçues par lui, il devrait transmettre l'affaire en l'état, si le Préfet insistait malgré les observations qu'il lui aurait faites. Il sera libre, bien entendu, de donner son avis sur le réquisitoire, lorsqu'il conclura devant le tribunal.

63. Une difficulté qui pouvait souvent se présenter a été réglée par l'art. 14. Le décret déclaratif est intervenu, les propriétés qui doivent être expropriées ont été désignées par l'arrêté ultérieur du Préfet, mais l'expropriation n'est pas requise immédiatement, l'administration de la Compagnie concessionnaire n'est pas en mesure d'en profiter. Les terrains restent toujours au propriétaire, mais sous le coup de l'expropriation qui le menace, il n'a plus qu'une propriété sans avenir et sans intérêt. Une pareille situation ne pourrait se prolonger sans injustice, voilà pourquoi l'art. 14 en son paragraphe 2, décide que si dans l'année de l'arrêté du Préfet l'administration n'a pas poursuivi l'expropriation, tout propriétaire dont les terrains sont compris audit arrêté peut présenter requête au tribunal. Cette requête sera communiquée par le Procureur impérial au Préfet, qui devra dans le plus bref délai envoyer les pièces.

64. Cette innovation de la loi de 1841 donnait satisfaction à de nombreuses réclamations de la part des propriétaires. En 1840 la Chambre des Pairs, à l'occasion de la construction du canal de la Marne au Rhin, fut saisie d'une pétition de vingt propriétaires d'usines établies sur la rivière d'Ornain, dont la position devenait intolérable par suite de la latitude laissée à l'administration par la loi du 7 juillet 1833. On devait se servir pour alimenter le canal des eaux de l'Ornain, mais l'administration avait résolu de ne les détourner qu'après l'achèvement des travaux. De telle sorte qu'en attendant que l'administration prît leur eau, les propriétaires d'usines étaient sous le coup d'une expropriation inévitable dont ils ne pouvaient prévoir l'époque ; ils ne pouvaient donc ni s'approvisionner de matières premières, ni passer de marchés à long terme, ni perfectionner leurs machines et leur mobilier industriel. Pendant ce temps ils étaient ruinés par la concurrence. La loi du 7 juillet 1833 ne fournissait aucun moyen de remédier à cet inconvénient. Quelques jours après la pétition, un membre de la Chambre des Pairs proposa un amendement à la loi du 7 juillet 1833, amendement qui accordait aux parties le droit de poursuivre elles-mêmes l'expropriation au bout de cinq ans. Cette proposition ne fut pas adoptée (1). Elle était trop absolue, la

(1) *Moniteur* du 13 mai 1840, p. 1030.

proposition. Lors de la discussion de la loi de 1841, on reconnut que si d'un côté la situation des propriétaires était digne d'intérêt, il ne fallait pas d'un autre côté imposer toujours et quand même l'expropriation à l'administration. Il fut admis que l'arrêté du Préfet qui servait de base aux réclamations des propriétaires pourrait être annulé si l'administration ne voulait pas donner suite aux travaux, et que dans le cas contraire le Préfet devait envoyer les pièces au Procureur impérial.

Observons toutefois, comme le fit remarquer très-nettement le Commissaire du Gouvernement devant la Chambre des députés, qu'il dépendra toujours de l'administration de se soustraire aux conséquences de la nouvelle disposition, puisqu'elle ne s'applique qu'au cas où l'arrêté du Préfet est intervenu. Ainsi, lors même que les affiches ont été posées et les plans publiés, si le Préfet n'a pas pris son arrêté, on se trouve en dehors de l'application de l'art. 14.

Quelle est alors la situation des propriétaires ? Elle est très-simple: qu'ils agissent en tout comme s'il n'existait pas de menaces d'expropriation, de façon à tirer tout le parti possible de la propriété qu'on laisse entre leurs mains ; et du moment où le jury ne reconnaîtra pas de fraude, il devra leur accorder une indemnité en raison du dommage qu'ils éprouveront par suite de l'expropriation, pourvu qu'il ne lui apparaisse pas que les dépenses les plus récentes ont été faites en vue de l'expropriation.

65. Le propriétaire qui veut user du bénéfice de l'art. 14 présente, par le ministère d'un avoué, une requête au tribunal, afin qu'il lui plaise, après communication de la requête au Préfet, et après avoir entendu le Procureur impérial, prononcer l'expropriation et nommer un magistrat directeur du jury. Cette requête pourra être sur papier visé pour timbre, puisqu'elle est faite en vertu d'une disposition formelle de notre loi. (Art. 58.) Le tribunal ordonne communication de cette requête par le Procureur impérial au Préfet; le Préfet accuse réception des pièces. La loi ne détermine pas de délai pour la réponse du Préfet, elle l'oblige seulement à répondre dans le plus bref délai. Le tribunal n'a aucune sanction qui puisse le mettre à même d'obliger le Préfet à se conformer à la loi. Si cependant, il n'envoyait aucune pièce dans un délai moralement suffisant, le Procureur impérial devrait porter les faits à la connaissance du Procureur général, qui en référerait au Ministre de la justice, et il serait sans nul doute pris des mesures pour que le cours de la justice ne fût pas entravé plus longtemps.

66. Mais c'est là une hypothèse improbable. Les préfets répondront toujours dans un délai

convenable, alors si l'administration annule l'arrêté qui désignait la propriété du requérant à l'expropriation, le tribunal n'a qu'à déclarer la requête désormais sans objet. Il n'est pas compétent pour statuer sur les dommages causés au propriétaire par le premier arrêté. S'il y a lieu à une indemnité, elle n'est que la conséquence d'un simple dommage, dont l'appréciation appartient au Conseil de préfecture. Si, au contraire, le Préfet renvoie les pièces sans renoncer à l'arrêté antérieur, le tribunal prononce l'expropriation de la propriété du requérant et nomme un magistrat, directeur du jury, et un membre du tribunal pour le remplacer au besoin. Le jugement doit être notifié au Préfet.

67. L'art. 55 complète l'art. 14. Il ne suffisait pas, en effet, que le propriétaire pût faire prononcer l'expropriation; il fallait encore qu'il pût poursuivre le réglement de l'indemnité. Or, aux termes de l'art. 55, si dans les six mois du jugement d'expropriation, l'administration ne poursuit pas la fixation de l'indemnité, les parties peuvent exiger qu'il soit procédé à cette fixation. Le texte s'applique bien à notre hypothèse. L'article ne distingue pas, en effet, entre le cas où le jugement a été obtenu à la requête de l'administration et celui où il a été obtenu à la requête des propriétaires. Lorsque le propriétaire poursuit le réglement de l'indemnité, il est

tenu de remplir, dans l'intérêt des tiers, les formalités de publicité qui ont pour but d'avertir les intéressés, comme le fait ordinairement l'administration. Ce n'est pas l'administration qui fait les offres, c'est au propriétaire de lui signifier ses prétentions. Au reste, l'indemnité est liquidée par le jury, suivant les règles ordinaires.

Nous n'avons pas à nous étendre davantage sur cette hypothèse exceptionnelle que nous devions signaler en passant.

68. Reprenons maintenant la suite de nos développements dans l'hypothèse ordinaire, celle où le tribunal est saisi par l'administration, par l'intermédiaire du procureur impérial.

Le tribunal, saisi de cette manière, après avoir examiné si les formalités exigées ont été accomplies, prononce l'expropriation et nomme un magistrat directeur du jury qui sera chargé de liquider les indemnités et désigne en même temps un autre membre du tribunal pour le remplacer en cas de besoin. Le tribunal ne peut pas chercher la preuve de l'accomplissement des formalités en dehors des actes qui lui sont soumis. Ces actes en font pleine foi, il ne peut les révoquer en doute ; on en est formellement convenu dans la discussion de la loi.

69. D'après le renvoi de l'art. 14 à l'art. 2, du titre I et au titre II, voici les points que le

tribunal aura à vérifier en se servant des actes produits : L'utilité publique a-t-elle été régulièrement déclarée ? — Le plan parcellaire indicatif des noms des propriétaires a-t-il été dressé ? — A-t-il été déposé à la mairie pendant le délai franc de huit jours à partir de l'avertissement collectif? — Cet avertissement a-t-il été entouré des mesures de publicité requise par l'art. 6 ? — La Commission a-t-elle été réunie ? Le procès-verbal de ses opérations et les pièces à l'appui sont-ils restés déposés pendant huit jours à la sous-préfecture, et les parties ont-elles été averties d'en prendre connaissance ? — Les pièces ont-elles été transmises dans le délai de trois jours à la préfecture ? — Le Préfet a-t-il pris son arrêté ou a-t-il eu soin de surseoir jusqu'à la décision de l'autorité supérieure si la Commission avait proposé des modifications au plan primitif ?

70. Le jugement ne doit pas se contenter d'affirmer *que toutes les formalités voulues par la loi ont été remplies*, et cela sous peine de nullité (Cas., 21 nov. 1866). Il doit viser les pièces qui attestent que les formalités ont été remplies (Cas., 3 juill. 1839). Un arrêt de cassation, du 14 mars 1865, déclare qu'il ne suffit pas que le jugement vise en termes généraux les pièces et documents produits. Un jugement ainsi rendu est nul, parce qu'une telle énonciation ne fait connaître, ni quels étaient ses documents, ni s'ils

réunissaient les conditions exigées par la loi du 3 mai 1841. Si les pièces ne prouvent pas l'accomplissement des formalités limitativement exigées par l'art. 14 combiné avec l'art. 2 du tit. I et du tit. II, le tribunal ne devra pas prononcer l'expropriation.

71. L'inscription de faux est-elle admise contre les actes produits par l'administration ? Lors de la discussion de 1833, plusieurs orateurs qui ne furent point contredits en reconnurent formellement la possibilité. Il ne serait d'ailleurs pas juste de priver les citoyens de tout moyen d'obtenir justice d'une falsification qui lèserait leurs droits. Telle est l'opinion de M. Dalloz (D., v° EXPROPRIATION POUR CAUSE D'UTILITÉ PUBLIQUE, 253). Toutefois le même auteur incline à penser que c'est seulement devant la Cour de cassation sur le pourvoi, que l'article 20 permet de former, s'il y a lieu, qu'on peut, le cas échéant, s'inscrire en faux. En effet, il y a là un débat vraiment contradictoire ; il résulte d'ailleurs de la brièveté du délai de trois jours imparti au tribunal pour rendre son jugement, et qu'aucun texte ne l'autorise à prolonger sur une simple déclaration d'inscription de faux, que le législateur n'a pas entendu que cette procédure pût avoir lieu devant lui. La Cour de cassation n'a pas repoussé cette doctrine ; il y a des exemples d'inscriptions de faux, admises contre des actes

antérieurs au jugement attaqué. Toutefois la Cour de cassation fait une distinction fondée sur la nature des actes incriminés ; ainsi, elle a jugé que le *visa* de l'enquête préalable dans le décret déclaratif, suffisait pour faire tomber l'allégation que l'enquête, dont le décret doit être précédé, n'avait pas eu lieu ; et que la Cour ne pourrait pas, sans excéder ses pouvoirs, examiner le mérite du décret impérial (arrêt du 14 décembre 1842). L'arrêt de la Cour du 30 décembre 1839, qui proclame cette doctrine n'est pas contraire à la solution proposée, puisque loin d'opposer une fin de non-recevoir aux auteurs du pourvoi, il déclare rejeter les moyens comme non pertinents.

72. Telles sont les conditions dans lesquelles le jugement doit être rendu. Il doit contenir la désignation de la nature et de la contenance des terrains expropriés, en sorte que sa publication éclaire les propriétaires d'une façon sérieuse et efficace. Il doit indiquer, en outre, le nom des propriétaires (art. 15), l'époque à laquelle les propriétaires seront dépossédés, — cette époque, aux termes de l'article 11, est indiquée dans l'arrêté qui détermine les propriétés qui devront être cédées, — enfin, un des membres du tribunal pour remplir les fonctions de magistrat-directeur du jury et un autre membre pour le remplacer au besoin. Le rôle du juge peut être rendu plus simple si les pro-

priétaires consentent la cession et ne sont en désaccord avec l'administration que sur le prix. Le tribunal n'a pas alors à se prononcer sur l'expropriation : il est par suite dispensé de la vérification de l'accomplissement des formalités. Il se borne à donner acte, aux propriétaires, des consentements par eux passés, et à nommer un magistrat-directeur du jury et un autre membre pour le remplacer en cas de besoin.

73. Le jugement ainsi rendu est soumis à certaines conditions de publicité (art. 15), il est publié et affiché par extrait dans la commune de la situation des biens. Il est publié à son de trompe ou de caisse et affiché tant à la principale porte de l'église du lieu, qu'à la porte de la maison commune. Il est en outre inséré dans l'un des journaux publiés dans l'arrondissement, ou s'il n'en existe aucun, dans un de ceux du département. Cet extrait contenant les noms des propriétaires et le dispositif du jugement leur est notifié au domicile qu'ils ont élu dans l'arrondissement de la situation des biens, par une déclaration faite à la mairie de la commune où les biens sont situés, et dans le cas où cette élection de domicile n'aurait pas eu lieu, la notification de l'extrait est faite en double copie au maire et au fermier, locataire, gardien ou régisseur de la propriété. Il est évident que la notification s'adresse au seul propriétaire que l'admi-

nistration est tenue de connaître, c'est-à-dire à celui qui est inscrit au rôle de la contribution foncière, et à défaut par lui d'avoir fait l'élection de domicile dont parle l'art. 15, à tout détenteur à un titre quelconque de la propriété en son nom.

74. Quand ces formalités ont été remplies, le jugement est immédiatement transcrit au bureau de la conservation des hypothèques de l'arrondissement conformément à l'art. 2181 du Code Nap. On a voulu que cette transcription fût précédée de l'accomplissement des formalités prescrites par l'art. 15, parce qu'elle faisait courir les délais d'inscription accordés aux créanciers hypothécaires. On a considéré qu'il était juste et raisonnable qu'ils fussent préalablement avertis de la mise en demeure qu'ils allaient encourir par suite de la transcription du jugement d'expropriation.

L'art. 19 dispense l'administration de transcrire les jugements d'expropriation relatifs à des immeubles d'une valeur de moins de 500 francs. Il est évident que dans ce cas les créanciers hypothécaires ne sont pas mis en demeure de s'inscrire dans un délai déterminé. Certains fonctionnaires avaient pensé que la loi du 23 mars 1855 avait dérogé à la disposition de notre art. 19; mais plusieurs décisions du ministre des finances et deux circulaires du ministre de l'intérieur ont formellement déclaré le contraire. La loi du 3 mai 1841 prend ici une disposition toute spéciale à laquelle ne déroge pas la loi générale du 23 mars 1855. (S., 68. 3. 90. — Bull. off. du min. de l'int. 1868, n° 13, p. 155.)

75. Avant d'étudier les effets du jugement d'expropriation, nous examinerons par quelles voies de recours ce jugement peut être attaqué ?

La loi n'admet que le recours en cassation. L'art. 20 en effet est formel : « Le jugement ne « peut être attaqué que par le pourvoi en cas- « sation. » On proposa même, lors de la discussion de la loi du 7 juillet 1833, de ne pas admettre cette unique voie de recours ; mais il fut également réclamé, dans l'intérêt de l'administration et dans l'intérêt des particuliers. On ne pouvait les laisser désarmés en présence d'une violation de la loi qui portait atteinte à leurs droits.

Le recours n'est autorisé que dans trois cas : lorsqu'il y a eu incompétence, excès de pouvoir ou, enfin, inobservation des formes prescrites par la loi. Ces trois causes de pourvoi sont conçues en termes généraux, et il est certain que toute contravention à la loi est comprise dans la seconde, l'excès de pouvoir: les tribunaux n'ayant de pouvoir que dans les limites exactes de la loi. La Cour de cassation a d'ailleurs admis cette interprétation rationnelle et favorable (Cass., 6 janvier 1836).

76. Par qui peut être formé le recours en cassation ? Le recours en cassation peut être formé par l'administration et par les parties contre lesquelles le jugement d'expropriation a été rendu. Pour l'État, le pourvoi doit être formé par le Préfet ou par son mandataire, même simplement verbal. Un pourvoi formé par le procureur impérial serait non recevable (Cass., 13 mai 1846). Les parties peuvent se pourvoir elles-mêmes ou par un fondé de pouvoir. Comme en matière criminelle, un simple mandat verbal suffit (Cas., 11 février 1861, S., 61. 1. 793).

77. Le pourvoi doit avoir lieu dans les trois jours de la notification du jugement. Le texte est spécial et précis. Le demandeur en cassation a trois jours pleins pour former son pourvoi ; mais il semble qu'il n'a droit à aucune augmentation en raison des distances ; cependant la Cour de cassation a admis une augmentation en raison de la distance entre le domicile de l'exproprié et le chef-lieu du tribunal qui a prononcé le jugement (Cass., 23 juin 1862). Le délai court à partir de la notification du jugement, mais de la notification complète, c'est-à-dire que les formalités de publicité indiquées à l'art. 15 doivent avoir été remplies. La rédaction de cet article indique

bien que les formalités qu'il prescrit d'accomplir doivent précéder la notification ou au moins avoir lieu en même temps.

Lorsque le jugement d'expropriation est rendu sur la seule requête de l'administration, et c'est l'hypothèse ordinaire, personne ne le lui fait signifier. Elle peut donc se pourvoir tant qu'elle le veut, du moment où elle n'a pas acquiescé au jugement. La signification faite par le Préfet à quelques-uns des propriétaires atteints par le jugement n'emporte pas acquiescement de l'administration à l'égard des autres et n'empêche pas le Préfet de pouvoir se pourvoir contre eux sans même qu'il soit besoin de réserves à ce sujet. Les dispositions du jugement relatives à chaque propriétaire doivent être considérées à ce point de vue comme autant de dispositions distinctes.

78. Les formes du pourvoi ne sont pas celles des pourvois ordinaires : elles ont été simplifiées dans le but d'éviter les retards et les frais qu'entraînerait la procédure du droit commun. La déclaration doit être passée au greffe du tribunal qui a rendu le jugement attaqué ; elle serait nulle si elle était faite à tout autre greffe, même à celui de la Cour de cassation (S., 52. 1. 720). Une amende doit être consignée, aucun texte n'en dispense les pourvois en matière d'expropriation, seulement la jurisprudence a abaissé le taux de l'amende. On a considéré les juge-

ments rendus en cette matière comme des jugements par défaut, et l'amende a été réduite à 75 fr. au lieu de 150 fr. L'État est dispensé de cette consignation.

Le pourvoi doit être notifié dans la huitaine, soit à la partie au domicile indiqué par l'art. 15, soit au préfet ou au maire, suivant la nature des travaux : le tout à peine de déchéance. Dans la quinzaine de la notification du pourvoi, les pièces doivent être adressées directement à la Chambre civile de la Cour de cassation, qui doit statuer dans le mois suivant. L'arrêt, s'il est rendu par défaut, ne sera plus susceptible d'opposition à l'expiration de ce délai. L'arrêt est rendu directement par la Chambre civile sans subir l'épreuve préalable de la Chambre des requêtes. Si le pourvoi est admis, le jugement est annulé : il n'y a pas eu expropriation. C'est à l'administration de se mettre en mesure de la demander de nouveau devant le tribunal de renvoi indiqué par l'arrêt de la Cour. Si le pourvoi est rejeté, le jugement est définitif et produit ses effets.

79. Les effets du jugement d'expropriation concernent plusieurs classes d'intéressés. En première ligne, vient le propriétaire contre lequel le jugement a été rendu. Le jugement opère à son égard le déplacement immédiat de la propriété ; à partir de ce moment, il est réellement

exproprié et l'administration est définitivement appropriée. De cette translation immédiate, il résulte : 1° que du moment même du jugement, la chose du propriétaire passe aux risques et périls de l'administration, et que, si elle périt par cas fortuit, l'ancien propriétaire aura toujours le droit d'en réclamer la valeur ; 2° que le droit du propriétaire à l'indemnité est irrévocablement acquis. L'administration ne peut l'obliger à garder ses parcelles ; il a été légalement désapproprié et on ne peut le réapproprier contre son gré. La renonciation de l'expropriant n'empêcherait pas l'exproprié de poursuivre le réglement de l'indemnité et la convocation du jury (S., 61. 1. 554). L'exproprié conserve toutefois sur la chose un droit de rétention. Son droit de propriété est remplacé par un droit purement mobilier, une créance d'indemnité ; de telle sorte que s'il meurt, laissant un légataire de ses immeubles et un légataire de ses meubles, ce dernier a seul droit à l'indemnité représentative de l'immeuble exproprié.

En vertu du même effet translatif du jugement d'expropriation, la Cour de cassation a jugé que l'ancien propriétaire, bien que resté en possession de sa chose, ne peut être forcé de contribuer à la réédification d'un mur mitoyen entre son ancien immeuble et l'immeuble voisin. L'action en réédification doit être dirigée contre l'administration. (Cass., 13 novembre 1856.)

80. Tous les droits qui appartenaient à des particuliers sur l'immeuble, droits d'usage, de servitude, cessent comme le droit de propriété lui-même; ils sont résolus en tant qu'ils portent sur la chose et convertis en droits à des indemnités. Peu importe que ceux qui étaient investis de ces droits soient ou ne soient pas nommés dans le jugement d'expropriation. Les effets du jugement sont tout-à-fait indépendants de l'indication des ayant-droit, pourvu que les prescriptions de la loi aient été remplies à cet égard, c'est-à-dire, pourvu que le jugement contienne les noms des propriétaires inscrits au rôle de la contribution foncière. La chose arrive dans les mains de l'expropriant libre et affranchie de tout droit réel.

81. *Quid* des locataires ou fermiers ? Les baux sont résolus, les fermiers et locataires ont droit à une indemnité qui sera liquidée par le jury d'expropriation dans les conditions et d'après les bases que nous verrons plus loin. Nous résoudrons en même temps une question très-importante, surtout dans les grands centres : c'est la question de savoir si l'administration est libre de choisir à son gré l'époque de sa prise de possession vis-à-vis des locataires ou fermiers, si elle peut suivant sa volonté les déposséder immédiatement en leur accordant une indemnité pour la portion du bail qui reste à courir; ou bien

si elle peut les laisser finir leur bail et n'avoir ainsi aucune indemnité à leur verser.

82. La situation faite par le jugement d'expropriation aux créanciers qui ont un privilége ou une hypothèque sur l'immeuble exproprié, mérite d'être l'objet d'un examen particulier. Comment l'administration peut-elle purger les hypothèques qui grèvent les fonds qu'elle veut exproprier. La loi du 3 mai 1841 déroge sur certains points au droit commun; aussi pour bien saisir la portée des dérogations, est-il indispensable de rappeler sommairement les règles ordinaires. L'hypothèque est une garantie accordée aux créanciers sur les immeubles de son débiteur. Elle peut être quant à son origine, conventionnelle, judiciaire ou légale. Dans tous les cas elle confère à celui qui l'obtient un triple droit, un droit de suite, un droit de préférence et un droit de surenchère. Mais toutes les hypothèques n'ont pas cette triple efficacité dans les mêmes conditions, et à ce point de vue elles se divisent en deux grandes catégories : les unes qui n'ont d'efficacité que par l'inscription, les autres qui existent et produisent leurs effets indépendamment de toute inscription.

83. Les premières sont les hypothèques conventionnelles et les hypothèques judiciaires. Ces hypothèques doivent être inscrites. Sous l'empire

de l'art. 834 du Code de procédure civile, elles pouvaient être inscrites malgré et après l'aliénation de l'immeuble qu'elles grevaient. On avait, pour réaliser cette inscription, un délai de quinze jours après la transcription de l'acte d'aliénation. Ainsi, le nouvel acquéreur qui avait transcrit n'avait plus rien à craindre lorsque quinze jours s'étaient écoulés depuis la transcription. La loi du 23 mars 1855 a abrogé cette dernière disposition des art. 834 et 835 du Code de procédure civile. D'après cette loi, la transcription de l'acte d'aliénation d'un immeuble a pour effet immédiat d'empêcher toute inscription nouvelle des créanciers du vendeur sur cet immeuble; il se trouve, par le fait même de la transcription, dégrevé de toute hypothèque non encore inscrite.

84. La seconde catégorie d'hypothèques comprend celles des femmes mariées, des mineurs, des interdits. Ces hypothèques naissent directement de la loi et sont dispensées de toute inscription. Cette faveur s'explique par la position particulièrement intéressante des incapables. Le Code Napoléon a pensé qu'il fallait les mettre d'une façon toute particulière en mesure de se produire, et dans ce but, il a organisé une procédure spéciale pour la purge des hypothèques légales (ch. IX, tit. *Des privil. et hypoth.*). Quand les formalités indiquées dans ce chapitre ont été accomplies, l'immeuble grevé est complètement

7

affranchi des hypothèques légales. On s'est longtemps demandé si l'hypothèque purgée sur l'immeuble n'en devait pas moins continuer à produire son effet sur le prix, c'est-à-dire si la purge qui dégrevait l'immeuble de tout droit de suite vis-à-vis du tiers détenteur ne laissait pas intact le droit de préférence sur le prix à l'égard des créanciers inscrits. On était arrivé à décider la question en ce sens que l'hypothèque était une, et que purgée sur l'immeuble, elle était également et du même coup purgée sur le prix, lorsqu'intervint la loi du 21 mai 1858, qui modifia l'art. 772 du Code de procédure civile et décida que les créanciers à hypothèques légales qui ne s'étaient pas fait inscrire dans le délai de l'art. 2195 du Code Napoléon, pouvaient exercer, sous certaines conditions, un droit de préférence sur le prix, si un ordre était ouvert dans les trois mois qui suivaient l'expiration de ce délai.

85. Tel est le droit commun; voici les dérogations que la loi du 3 mai 1841 y apporte :

L'administration n'est pas obligée de se soumettre aux formalités et aux lenteurs de la purge légale réglée par le Code Napoléon. Les hypothèques doivent être inscrites dans la quinzaine de la transcription de l'acte de translation qui a approprié l'administration. A défaut de cette inscription, l'immeuble demeure affranchi.

Les droits des femmes, des mineurs, des

interdits sont transportés sur le montant de l'indemnité, tant qu'elle n'a pas été payée et que l'ordre n'a pas été réglé définitivement entre les créanciers. Avant la loi de 1858, il y avait là une dérogation formelle à la jurisprudence : elle se justifiait par la brièveté exceptionnelle des délais de la purge, en matière d'expropriation. On ne pouvait donc en tirer un argument en faveur du même système en droit civil. Mais en 1858, la nouvelle loi a étendu la faveur à tous les cas; il n'y a de différence aujourd'hui, entre l'art. 17 et le nouvel article 772, que dans les conditions imposées à l'exercice du même droit.

86. Quant aux hypothèques sujettes à inscription, l'art. 17 leur accorde le droit de se produire, par la voie de l'inscription, dans la quinzaine, de la transcription de l'acte d'aliénation. Cette disposition n'avait rien d'exorbitant en 1841 : elle n'était que la reproduction des art. 834 et 835 du Code de procédure. Mais ces articles ont été abrogés par la loi du 23 mars 1855. L'art. 6 de cette loi, adopté après une discussion très-vive et très-intéressante, déclare qu'à partir de la transcription, les créanciers privilégiés ou ayant hypothèque ne peuvent s'inscrire utilement sur le précédent propriétaire. Cette innovation de la loi du 23 mars 1855 doit-elle s'étendre à notre matière, ou bien les créanciers hypothécaires ont-ils encore un délai de

15 jours pour s'inscrire à partir de la transcription de l'acte d'expropriation? On l'a soutenu en s'attachant à la lettre de notre art. 17 et en ajoutant que la loi du 3 mai 1841 règle une matière exceptionnelle et qu'une disposition d'une loi spéciale n'est pas abrogée par une loi générale même postérieure. C'est à notre sens se réfugier derrière la lettre de l'article 17 pour en violer l'esprit. Cet article n'a pas eu, en effet, en vue d'accorder un délai exceptionnellement favorable aux créanciers hypothécaires pour s'inscrire. Il n'a pas dérogé au droit commun en faveur des hypothèques sujettes à inscription, il a seulement dérogé contre les hypothèques légales, laissant les premières sous l'empire des règles ordinaires. Le législateur de 1841 ne fait ici que rappeler la disposition des art. 834 et 845 : c'est une sorte de renvoi pur et simple aux règles ordinaires. Le législateur de 1855 a fait une loi générale qui ne déroge pas aux lois spéciales, mais qui détermine, d'une façon générale, les effets en droit commun de la transcription des actes d'aliénation. Il est évident que le nouveau droit commun, qui résulte de la loi du 23 mars 1855, doit remplacer l'ancien dans tous les cas où il s'appliquait. Est-il d'ailleurs présumable que la loi qui, dans l'intérêt de la rapidité, enlevait des garanties aux créances à hypothèques légales, qui sont les plus favorables ait voulut créer des retards en accordant pour toujours et d'une façon spé-

ciale des garanties exceptionnelles aux autres créanciers hypothécaires, moins favorables que les premiers. Ce n'est pas probable : pour eux l'art. 17 n'est qu'un renvoi au droit commun, Or ce droit commun est aujourd'hui la loi du 25 mars 1855 ; on doit s'y conformer.

87. L'exercice du droit de surenchère par les créanciers hypothécaires qui n'ont pas concouru à la fixation du prix n'est pas possible en matière d'expropriation. La surenchère entraînant une adjudication nouvelle, on ne peut pas admettre qu'un autre que l'État devienne maître du terrain exproprié.

Il en est de même du droit de suite ; ce droit ne peut pas être exercé sur un immeuble qui est devenu la propriété de l'administration. Les créanciers ne sont pas toutefois laissés sans garanties. Ils ne peuvent rien contre la chose, mais ils ont un droit contre les personnes. Ils peuvent exiger que l'indemnité soit liquidée par le jury en suivant les formes prescrites par le titre IV de notre loi.

Il ne faut pas oublier que les règles spéciales que nous venons d'indiquer s'appliquent non-seulement dans le cas d'un jugement d'expropriation, mais encore toutes les fois qu'un contrat amiable a été passé postérieurement à la déclaration d'utilité publique.

88. Il nous reste à signaler, pour ce qui est relatif aux priviléges et hypothèques, les para-

graphes 1 et 2 de l'art. 19. L'administration, que les règles de la comptabilité oblige à accomplir les formalités de la purge avant d'effectuer le paiement, est autorisée à payer sans aucune formalité les acquisitions dont la valeur ne s'élève pas au-dessus de 500 fr. On a reconnu, en fait, que l'économie des frais compenserait dans la plus large mesure les sommes qui pourraient être payées deux fois.

Enfin, le paragraphe 3 est ainsi conçu : le défaut d'accomplissement des formalités de la purge n'empêche pas l'expropriation d'avoir son cours, sauf pour les parties intéressées à faire valoir leur droit ultérieurement dans les formes déterminées par le titre IV de la présente loi. Nous reverrons ces formes au titre indiqué.

89. *Quid* enfin du véritable propriétaire. Nous l'avons vu, l'administration n'est tenue de s'adresser qu'au propriétaire apparent, et si le véritable propriétaire ne se fait pas connaître, l'expropriation prononcée contre le propriétaire apparent anéantit tous les droits réels sur l'immeuble et les transporte sur le prix.

Tel est, au point de vue de la translation de l'immeuble à l'administration, les effets du jugement d'expropriation. Le jugement autorise la prise de possession; mais il ne l'autorise qu'à la condition du paiement préalable des indemnités. Voyons maintenant comment ces indemnités seront réglées.

CHAPITRE IV.

DU RÉGLEMENT DES INDEMNITÉS.

90. Division.

90. Nous examinerons ce qui concerne le réglement des indemnités dans les quatre paragraphes suivants :

§ I. — Recherche et dénonciation des intéressés. Tentative de réglement amiable et à défaut réglement par le jury.

§ II.—Composition du jury. Procédure devant le jury.

§ III. — Bases d'évaluation des indemnités.

§ IV. — Voies de recours contre la décision du jury.

§ I.

RECHERCHE ET DÉNONCIATION DES INTÉRESSÉS.

91. La loi désire le réglement amiable. Recherche des intéressés.

92. L'administration est réputée connaître le propriétaire inscrit au rôle de la contribution foncière.

93. Indemnitaires que le propriétaires doit dénoncer.

94. Indemnitaires qui doivent se présenter eux-mêmes.

95. Délai des dénonciations à faire par le propriétaire.

96. L'administration n'use pas, en pratique, de son droit rigoureux contre les indemnitaires tardivement dénoncés.

97. Déchéance contre les indemnitaires tenus de se présenter. — Aucun recours.

98. *Quid* des sous-locataires.

99. Doctrine de la Cour de cassation.

100. Offres de l'administration. — *Quid* des créanciers hypothécaires ?

201. Une seule indemnité pour le nu-propriétaire et l'usufruitier. Exception.

102. Offres séparées aux différents indemnitaires.

103. Réponse aux offres. — La loi désire l'acceptation. — Habilitation des incapables.

104. *Quid* si les indemnitaires ne répondent pas.

105. Répudiation. — Citation devant le jury.

91. La loi désire que tout se passe à l'amiable entre l'administration et les indemnitaires. Nous l'avons déjà vue encourager la cession volontaire. Elle ne désire pas moins que l'entente s'établisse sur le chiffre des indemnités. Ce n'est qu'à défaut de cette entente qu'elle ordonne de suivre la procédure organisée par le titre IV. Voilà pourquoi l'administration est tenue de signifier des

offres aux différents indemnitaires. Mais pour leur signifier ces offres, elle doit les connaître. Comment y arrivera-t-elle ? La loi du 3 mai 1841 a réglé la manière dont l'administration devait arriver à la connaissance des différents intéressés. Elle les a à cet effet divisés en trois classes : les uns que l'administration est réputée connaître ; les autres qui doivent lui être dénoncés par le propriétaire, les troisièmes enfin qui doivent se présenter eux-mêmes.

92. L'administration est réputée connaître les propriétaires inscrits au rôle de la contribution foncière pour la parcelle expropriée, et les créanciers hypothécaires inscrits avant la transcription et dans la quinzaine de cette transcription pour les créanciers à hypothèques légales. L'administration signifie des offres au propriétaire inscrit au rôle, toutefois si le véritable propriétaire a été dénoncé ou s'est présenté, elle n'est plus autorisée à s'adresser au propriétaire apparent. L'administration fait les mêmes significations aux créanciers hypothécaires légalement inscrits.

93. Le propriétaire doit dénoncer les fermiers ou locataires, les usufruitiers, les usagers dont les droits sont réglés par le Code Napoléon, les propriétaires de fonds jouissant de servitudes à l'établissement desquelles il a personnellement concouru.

94. Les autres indemnitaires sont tenus de se présenter eux-mêmes. Ainsi le propriétaire n'est pas tenu de dénoncer les usagers dont les droits ne sont pas réglés par le Code Napoléon. Il en est de même de ceux qui ont sur son fonds des droits de servitude à l'établissement desquels il n'a pas personnellement contribué, lors même qu'ils auraient des titres qui lui seraient opposables.

On n'aurait pu sans beaucoup de frais et de lenteurs obliger le propriétaire à dénoncer les usagers dont les droits ne sont pas réglés par le Code Napoléon. Ces droits sont en général d'assez légère importance et le nombre des individus qui les exercent est presque toujours considérable quand il ne s'étend pas à tous les habitants d'une commune. Ces individus d'ailleurs résident ordinairement dans la commune de la situation des biens; ils ne peuvent donc guère ignorer l'expropriation, et la réclamation de l'un deux suffit pour instruire le magistrat de l'existence du droit.

95. Le propriétaire, aux termes de l'art. 21 a, pour faire les dénonciations qui lui sont imposées, un délai de huitaine, à partir de la notification du jugement. Les autres intéressés sont mis en demeure de faire valoir leurs droits par l'avertissement énoncé en l'art. 6; ils sont tenus de se faire connaître dans le même délai de hui-

taine qui a été imparti au propriétaire, et ce, à peine de déchéance.

D'après l'art. 22, lorsqu'il y a un usufruitier, c'est à lui qu'incombe la charge de faire connaître les différents intéressés. Il est, en effet, plus à même de les connaître que le propriétaire. Ce qui a été dit des créanciers hypothécaires et privilégiés du propriétaire, s'applique aux mêmes créanciers de l'usufruitier sur son usufruit. Les indemnitaires, que le propriétaire aurait dû dénoncer et qu'il n'a pas dénoncés, sont déchus de tout droit contre l'expropriant. Le propriétaire est seul responsable envers eux. L'indemnité à laquelle le propriétaire devra être condamné sera réglée par le tribunal civil. C'est en vain qu'on réclamerait l'intervention du jury, sous prétexte de placer les intéressés dans la position exacte où ils seraient sans l'omission du propriétaire. Le jury est spécialement institué pour statuer entre l'administration et les particuliers; or, ici, il s'agit d'une difficulté entre deux intérêts privés : les tribunaux ordinaires sont tout naturellement compétents.

96. L'administration admet souvent les réclamations tardives de la part des indemnitaires que le propriétaire était tenu de dénoncer. Elle ne le fait pas par désintéressement, mais parce qu'elle craint que le jury, usant de son pouvoir discrétionnaire, n'accorde au propriétaire une in-

demnité plus forte comprenant largement les dommages et intérêts dont il sera tenu.

Il est clair que les indemnitaires, que le propriétaire est tenu de dénoncer, peuvent très-valablement se présenter à l'administration ; il y aurait même mauvaise foi de leur part à ne pas le faire lorsqu'ils ont été instruits de l'expropriation.

Le propriétaire est dispensé de les dénoncer lorsque l'administration a dû forcément les connaître, par exemple : lorsqu'elle leur aura remis les significations indiquées à l'art. 15. Un auteur a même pensé que le propriétaire serait également dispensé de faire les dénonciations imposées et ne devrait pas être déclaré responsable, s'il lui avait été impossible de faire connaître les indemnitaires.

97. L'administration ne se montre pas aussi généreuse envers les indemnitaires qui sont tenus de se présenter eux-mêmes et qu'elle n'a aucun intérêt à ménager. Elle leur oppose carrément les déchéances résultant de l'art. 21.

Le texte a prévu une difficulté qui aurait pu s'élever entre eux et le propriétaire. L'indemnitaire aurait pu venir dire au propriétaire : j'ai perdu tout droit à une indemnité de la part de l'administration, je ne prétends pas davantage que vous soyez tenu de réparer le dommage que j'éprouve, mais je soutiens que vous ne devez pas vous enrichir à mes dépens. Or, vous vous êtes enrichi à mes dépens en recevant la valeur totale de votre fonds, sans subir la dépréciation qui résultait de mon droit d'usage. Le texte de l'art. 21 repousse d'une façon absolue cette prétention. Il eût été dangereux de l'admettre. Il eût été très-difficile au tribunal de décomposer une indemnité accordée *in globo* par le jury. Il aurait été exposé à faire des réductions que le jury n'aurait pas faites

99. L'art. 21 ne dit rien des sous-locataires. Quelle est leur situation ? Doivent-ils se présenter eux-mêmes, doivent-ils être dénoncés soit par le propriétaire, soit par le locataire principal. Il est incontestable qu'il y a à ce sujet une lacune dans notre loi. N'existe-t-il aucun moyen de la combler ? Il est certain qu'aucun texte n'impose au propriétaire ou au locataire principal l'obligation de dénoncer le sous-locataire dans le délai de l'art. 21 ou à un moment quelconque. Pour le locataire principal, de quel moment partirait le délai ? On ne lui fait pas de notification, il ne connaît l'expropriation que comme tout le monde. Quant au propriétaire, la loi ne l'oblige à dénoncer que le locataire principal ; il n'est pas donc en faute en ne dénonçant pas les sous-locataires. Ceux-ci objectent qu'ils ne sont pas étrangers au propriétaire, que celui-ci a le droit de les poursuivre dans certains cas, qu'il a un privilége sur leurs meubles, qu'il peut d'ailleurs très-facilement

les connaître et les dénoncer. Ils ajoutent qu'ils ne rentrent pas évidemment dans la classe des ayant-droit du § 2 de l'art. 21, qui n'était fait, on le reconnut lors de la discussion de l'article, que pour les créanciers de droits d'usage non réglés par le Code Napoléon ou de droits de servitude à l'établissement desquels le propriétaire n'avait pas personnellement contribué et pour les propriétaires non inscrits au rôle. Ils doivent cependant recevoir une indemnité, eux qui subissent un si grave préjudice, qui ont approprié l'immeuble dont ils jouissaient à leur usage et aux exigences de leur position industrielle, commerciale ou sociale. Ces considérations sont très-justes, mais tout l'intérêt de cette situation n'autorise pas le juge à faire retomber sur le propriétaire une responsabilité dont la loi ne le charge pas. Faut-il pour cela abandonner les sous-locataires dans la catégorie des indemnitaires qui doivent se présenter eux-mêmes dans les délais de l'art. 21? La Cour de cassation ne l'a pas pensé ; elle a admis en jurisprudence la pratique loyale de la Ville de Paris. Celle-ci permet en effet aux sous-locataires de se présenter pour la première fois devant le jury d'expropriation et de réclamer les indemnités auxquelles ils prétendent. La Cour de cassation, en 1859, a admis en droit ce système. Elle a décidé que l'indication faite par le propriétaire du principal locataire suffisait à la conservation de tous les intérêts, qu'en effet l'expropriant averti qu'il doit une indemnité pour la totalité de la jouissance, ne peut opposer aucune déchéance à la demande d'une indemnité, que cette demande soit présentée au nom du principal locataire dans les mains duquel le droit à la jouissance serait resté tout entier, ou que des tiers auxquels il aurait cédé tout ou partie de ce droit et qui ne sont que ses ayant-cause, viennent se joindre à lui pour réclamer la part qui leur revient dans l'indemnité afférente à la totalité de la jouissance. Seulement l'arrêt ajoute que lorsque des offres ont été signifiées au principal locataire, celui-ci peut alors indiquer à l'administration les sous-locations qu'il a consenties. Il est même obligé, en vertu du contrat de louage, d'avertir les sous-locataires du trouble qui menace la jouissance qu'il s'est engagée à leur procurer et de les mettre ainsi à même de se présenter devant le jury. S'il ne le fait pas, il pourra être rendu responsable à l'égard des sous-locataires de la perte de leur indemnité.

99. Ainsi en résumé le propriétaire et le locataire principal ne sont pas tenus de notifier à l'administration les noms des sous-locataires, et ceux-ci ne sont pas obligés de se présenter dans le délai de l'art. 21. Ils pourront venir réclamer leur indemnité jusqu'au dernier moment devant le jury, l'indication du locataire principal par le propriétaire ayant sauvegardé leurs droits. Ils seront d'ailleurs mis à même de les faire valoir

par le locataire principal qui devra les avertir lorsque les offres lui auront été signifiées à peine de responsabilité.

Il est inutile d'observer que le mieux en pratique sera pour le locataire principal d'avertir les sous-locataires le plus tôt possible, et pour ceux-ci de se présenter eux-mêmes dès qu'ils entendront parler de l'expropriation.

Il est évident que les sous-locataires avertis par le locataire principal qui ne se sont pas présentés devant le jury, ne peuvent exercer aucun recours contre le locataire principal, si d'ailleurs leur indemnité n'a pas été comprise dans celle qui lui a été personnellement allouée (S. 59. 1. 950).

On a vu dans la doctrine de la Cour de cassation une sorte d'addition à la loi du 3 mai 1841. L'hypothèse qu'elle règle n'étant prévue par aucun texte, cette doctrine nous semble faire une application rationnelle des principes généraux.

100. Les différents intéressés connus, l'administration évalue le montant des indemnités auxquelles ils peuvent prétendre à son gré, et sur les bases de cette évaluation elle leur signifie ses offres. Ces offres sont en outre affichées et publiées conformément à l'art. 6 (art. 23). Il résulte clairement des termes de l'art. 23 que des notifications doivent être faites aux propriétaires, aux usu-

fruitiers, aux locataires, aux fermiers, aux usagers et aux créanciers de servitudes ; et en cas de copropriété à tous les copropriétaires. (Cass., 12 mai 1866.)

Quid des créanciers hypothécaires ? La loi du 7 juillet 1833 obligeait l'administration à faire des notifications à tous les créanciers inscrits. Ces mots ont été retranchés dans la rédaction de la loi de 1841. Toutefois ces créanciers sont compris dans les termes mêmes de notre art. 23 : « *tous autres intéressés.* » Mais ils sont soumis aux conditions de cet article, c'est-à-dire qu'ils doivent s'être présentés ou avoir été dénoncés dans le délai prescrit.

101. L'administration ne fait pas d'offres distinctes au mi-propriétaire et à l'usufruitier ; le jury devra fixer une seule indemnité sur laquelle le nu-propriétaire et l'usufruitier exerceront chacun leur droit comme ils l'exerçaient sur la chose. Pour toucher cette indemnité, l'usufruitier sera tenu de fournir la caution exigée par l'art. 601 du Code Napoléon. La loi a considéré qu'en accordant deux indemnités distinctes, on s'exposait à modifier la situation du nu-propriétaire et de l'usufruitier contre le gré de l'un et de l'autre. Le propriétaire pouvait préférer ses chances à une indemnité qui, pour être juste, devait toujours être relativement peu considérable. D'un autre côté, l'usufruitier pouvait pré-

férer le revenu de son usufruit, quoique viager, toujours plus élevé que le revenu de l'indemnité à laquelle il avait droit.

Il est toutefois des cas où l'usufruitier peut avoir droit à des indemnités spéciales et distinctes, soit pour perte de récoltes, d'engrais, pour frais de déplacement d'une industrie, d'un commerce, d'une exploitation : alors des offres séparées doivent lui être faites.

102. Quant aux autres indemnitaires, fermiers, locataires, titulaires de droits d'usage, d'habitation, de servitude, l'administration doit leur signifier des offres séparées.

103. Les offres ainsi portées à la connaissance des indemnitaires peuvent être par eux acceptées ou refusées. Le refus doit être accompagné de l'indication du montant des prétentions de l'indemnitaire qui n'accepte pas les offres de l'administration. La loi, dans le désir d'éviter les lenteurs et les difficultés de procédure, favorise l'acceptation comme nous l'avons vue favoriser la cession volontaire. Elle habilite dans ce but les incapables d'une façon spéciale ; elle les autorise dans ses art. 26 et 27 à accepter les offres de l'administration dans les conditions indiquées par l'art. 13 pour la cession volontaire. Elle porte à un mois le délai ordinaire de quinze jours de l'acceptation en faveur des incapables du droit

civil et du droit administratif, afin qu'ils aient le temps de remplir les formalités exigées par la loi (art. 27). Les autres indemnitaires n'ont qu'un délai de quinzaine pour se prononcer.

104. Qu'arrivera-t-il si les indemnitaires ne répondent pas et n'indiquent pas, comme le demande la loi, le montant de leurs prétentions? Ce silence n'entraîne pas l'acceptation des offres. Malgré l'intérêt qui s'attache au réglement amiable, une pareille sanction eût été trop rigoureuse. Il fallait toutefois si l'on voulait que la disposition légale fût prise au sérieux, qu'elle reçût une sanction quelconque. On s'est contenté de faire supporter aux indemnitaires qui n'ont pas répondu à l'administration, les frais faits postérieurement aux offres. Ce n'est pas une peine bien grave ; aussi les propriétaires en général se gardent-ils bien de répondre afin d'arriver devant le jury sans être liés par aucun acte antérieur. Il est évident que, dans cette hypothèse, l'administration n'est pas liée envers l'indemnitaire qui n'a pas voulu se lier envers elle. Il n'y a aucun contrat entre eux ; l'administration reste toujours libre de faire des offres moins élevées que ses offres primitives lorsqu'elle viendra devant le jury.

Les incapables ne peuvent pas être condamnés aux frais postérieurs aux offres, faute par eux d'y avoir répondu.

105. D'après l'art. 28, si les offres de l'administration ne sont pas acceptées dans le délai prescrit par les art. 24 et 27, elle cite devant le jury, qui sera convoqué à cet effet, les propriétaires et tous autres intéressés qui auront été désignés ou qui seront intervenus pour qu'il soit procédé au réglement des indemnités dues à chacun d'eux. La citation contiendra l'énonciation du chiffre des offres qui auront été refusées.

Nous allons examiner maintenant comment est composé le jury chargé de liquider les indemnités et comment on procède devant lui.

§ II.

COMPOSITION DU JURY. — PROCÉDURE DEVANT LE JURY.

106. Liste générale annuelle du jury dressée par le Conseil général.

107. Jury de session.

108. Excuses. — Dispenses. — Incompatibilités.

109. Notification aux parties de la liste des jurés, avec indication de la date et du lieu de la réunion.

110. Jury de jugement. — Autant de jurys que d'affaires distinctes et séparées.

111. La formation du jury de jugement est confiée au magistrat directeur du jury. — Comment il doit procéder.

112. Idem.

113. Conditions que le jury doit remplir pour que ses décisions soient valables. — Serment.

106. La composition du jury qui réglera les indemnités est précédée nécessairement de la formation d'une liste générale du jury, dans laquelle sont pris les membres du jury spécial. Chaque année, le Conseil général de chaque département désigne par chaque arrondissement, tant sur la liste des électeurs que sur la deuxième partie de la liste du jury, trente-six jurés au moins et soixante-douze au plus, qui ont leur domicile réel dans l'arrondissement. Le nombre des jurés désignés est porté par notre art. 29 à six cents pour le département de la Seine et à deux cents, aux termes de la loi du 22 juin 1854, pour l'arrondissement de Lyon. Ainsi se trouve constitué le jury de liste. Le Conseil général a un pouvoir discrétionnaire pour la formation des listes générales annuelles, l'art. 29 n'étant pas au nombre de ceux dont la violation donne, aux termes de l'art. 42, ouverture au recours en cassation.

107. Lorsqu'il y a lieu de régler des indemnités d'expropriation, le préfet requiert la formation d'un jury de session. Il s'adresse au procureur général dans les départements qui sont le siége d'une

cour impériale, et, dans les autres départements, au procureur impérial du chef-lieu judiciaire. Il leur transmet une liste des affaires dont le jury devra connaître avec indication de leur nature et du nom des intéressés. La première chambre de la cour impériale, dans les départements qui sont le siége d'une cour, et, dans les autres départements, la première chambre du tribunal du chef-lieu judiciaire, choisissent dans la chambre du conseil, sur la liste annuelle du jury, pour l'arrondissement dans lequel ont lieu les expropriations, seize personnes qui formeront le jury spécial de session, et, en outre, quatre jurés supplémentaires. Pendant les vacances, le choix est déféré à la chambre de la cour ou du tribunal chargée du service des vacations. En cas d'abstention ou de récusation des membres du tribunal, le choix est déféré à la cour impériale.

108 Le jury de session pour l'expropriation n'est donc pas tiré au sort comme le jury en matière criminelle. Les magistrats ne peuvent choisir pour jurés les propriétaires, fermiers, locataires, créanciers inscrits et autres interessés désignés ou intervenants en vertu des art. 21 et 22 de la loi du 3 mai 1841. D'un autre côté, en laissant aux magistrats la liberté des choix, le législateur a voulu les mettre à même de désigner les hommes qui présentaient le plus de garanties et qui avaient le plus de connaissances spéciales

dans les cas particuliers qui pouvaient se présenter. Le choix du jury de session ne peut se faire publiquement pour des motifs de convenance qui se présentent d'eux-mêmes à l'esprit : aussi la délibération est-elle prise dans la chambre du conseil. Il est tenu de la délibération prise par la chambre de la cour impériale ou du tribunal un procès-verbal qui doit constater, à peine nullité, que les magistrats qui ont pris part étaient attachés à la première chambre de la cour du tribunal et qu'ils étaient en nombre suffisant pour délibérer. C'est ce qui a été décidé par deux arrêts de la Cour de cassation en date l'un du 22 novembre 1841 et l'autre du 9 janvier 1861. Telle est, aux termes de l'art. 30, la composition du jury de session. La violation du § 1er seul de cet article ne suffit pas pour donner ouverture à un pourvoi en cassation.

Il peut arriver qu'il se glisse une erreur dans la désignation des jurés indiqués pour la session par la cour ou le tribunal. Cette erreur ne signifie rien du moment où il n'y a pas de doute possible sur l'identité du juré imparfaitement désigné.

L'art. 30 après avoir prononcé l'exclusion du propriétaire et des autres intéressés, prévoit certains cas dans lesquels on peut se faire dispenser du service du jury d'expropriation. Les septuagénaires ont le droit de se faire dispenser.

Une autre dispense est introduite par l'art. 47 en faveur des jurés qui ont fait le service

d'une session. Ils ne peuvent être portés sur la liste générale annuelle du Conseil général de l'année suivante. Il faut enfin ajouter qu'on se conforme aux intentions manifestées par le législateur lors des discussions de loi du 7 juillet 1833 et de la loi du 3 mai 1841, en observant les règles tracées par le Code d'instruction criminelle pour la formation du jury en matière criminelle.

109. La liste des seize jurés titulaires et des quatre jurés supplémentaires est transmise par le procureur général ou par le procureur impérial, suivant les cas, au préfet qui la fait parvenir au sous-préfet. Celui-ci après s'être concerté avec le magistrat directeur du jury convoque les jurés et les parties en leur indiquant huit jours à l'avance le lieu et le jour de la réunion. La notification faite aux parties doit leur faire connaître le nom des jurés. Ces prescriptions de l'art. 31 doivent être exécutées exactement à peine de nullité. (Combinaison de l'art. 42 avec l'art. 31.)

110. Aux jour et heure indiqués les membres du jury se rendent au lieu désigné dans la notification qui leur a été faite. Le plus souvent la réunion se tient sur les lieux mêmes ou dans le voisinage. Il faut alors fixer le jury du jugement. Il y a en effet un jury spécial pour connaître de chaque affaire distincte et séparée.

Quelle est la portée de cette règle qui exige un jury spécial pour connaître de chaque affaire distincte et séparée ?

D'abord il faut autant de jurys qu'il y a de communes différentes dans lesquelles se trouvent les parcelles à exproprier, et cela, lors même que des parcelles situées sur différentes communes appartiendraient au même propriétaire. C'est, en effet, par commune que procède l'expropriation. Le plan parcellaire est dressé par commune, le jugement est demandé et rendu par commune, les propriétaires sont groupés par communes.

En second lieu, il doit y avoir autant de jurys qu'il y a de propriétaires. En ne formant qu'un seul jury pour plusieurs propriétaires, on entraverait l'exercice du droit de récusation de chacun d'eux, et d'un autre côté l'on s'exposerait à de nombreuses confusions. Chaque propriétaire a en effet derrière lui tout un groupe d'indemnitaires fort nombreux, dont les droits pourraient être facilement confondus.

En troisième lieu, il n'y a qu'un seul jury pour le propriétaire et pour tous les indemnitaires qui se groupent autour de lui. Si en effet, dans cette hypothèse, on avait formé plusieurs jurys, on aurait eu à craindre des doubles emplois fréquents et préjudiciables aux intérêts de l'expropriant. Il aurait pu arriver très-souvent qu'on n'eût pas tenu un juste compte de la dépréciation

résultant pour le droit du propriétaire de l'existence des droits des indemnitaires autres que lui.

111. Nous venons de voir comment est formé le jury de session ; voyons maintenant comment est formé le jury de chaque affaire qu'on appelle le jury de jugement.

La formation de ce jury est confiée au magistrat directeur du jury chargé de diriger toutes les opérations. Observons dès ce moment, que dans tout le cours de la procédure le magistrat directeur doit être assisté du greffier du tribunal ; celui-ci appelle successivement les causes qui doivent être soumises au jury, et tient le procès-verbal des opérations. Ce procès-verbal doit à peine de nullité être signé du magistrat directeur. (Cass., 31 déc. 1844.)

Le magistrat directeur du jury a entre les mains le tableau des seize jurés titulaires et des quatre jurés supplémentaires. Lors de l'appel, l'administration a le droit d'exercer deux récusations péremptoires : la partie adverse a le même droit. S'il y a plusieurs parties dans la même affaire, elles doivent s'entendre pour l'exercice du droit de récusation ; à défaut de cette entente, le sort désignera ceux qui auront le droit d'en user (Art. 34). Si les quatre récusations sont toutes exercées, le jury se compose des douze membres qui restent sur la liste des jurés titulaires. Si elles ne le sont pas toutes, on efface à la fin de la liste, telle qu'elle résulte des récusations exercées, un nombre de noms égal à la différence existant entre quatre et le nombre des récusations exercées.

112. On doit toujours opérer sur une liste de 16 membres. Nous avons supposé que les 16 membres, désignés par l'autorité judiciaire, étaient présents et n'étaient sous le coup d'aucune exclusion et d'aucune incompatibilité. Mais il peut arriver qu'il n'en soit pas ainsi. Si un juré manque à une des séances ou refuse de prendre part à une délibération, sans motif légitime, le magistrat directeur du jury peut prononcer contre lui une amende de 100 à 300 fr. Le même magistrat statue en dernier ressort sur l'opposition formée par le juré condamné contre la décision qui l'a frappé. Le magistrat directeur du jury peut excuser l'absence d'un juré, si elle lui paraît légitimement motivée. Il statue également sur les causes d'empêchement que les jurés proposent, ainsi que sur les demandes de récusation motivées, lorsque le droit de récusation péremptoire a été épuisé (Cass., 20 mai 1845), sur les exclusions ou incompatibilités, dont les causes ne seraient survenues ou n'auraient été connues que postérieurement à la désignation faite par l'autorité judiciaire, en vertu de l'art. 30. Ceux des jurés qui se trouvent rayés de la liste, dans ces circonstances, par ordonnance du magistrat

directeur, sont immédiatement remplacés par des jurés supplémentaires, que ce magistrat appelle dans l'ordre de leur inscription. En cas d'insuffisance de la liste des jurés supplémentaires, il choisit sur la liste annuelle, dressée par le Conseil général, les personnes nécessaires pour compléter le nombre de 16 jurés, sur lequel on opère alors comme à l'ordinaire.

113. Le jury spécial n'est constitué que lorsque 12 jurés sont présents. Les jurés ne peuvent délibérer qu'au nombre de 9, au moins ; de sorte qu'une fois le jury régulièrement constitué, si un ou plusieurs jurés se trouvent, par une force majeure quelconque, dans l'impossibilité de continuer leurs fonctions, les autres peuvent valablement délibérer, pourvu qu'ils soient au nombre de 9, au moins.

Lorsque le jury est constitué, chaque juré prête serment de remplir ses fonctions avec impartialité. Le serment est exigé à peine de nullité. La Cour de cassation, par un arrêt du 27 janvier 1868 (D., 68, 1, 123), déclare nulle toute opération du jury faite avant la prestation du serment. La mention de cette prestation de serment doit être faite au procès-verbal.

114. Le jury une fois constitué par le magistrat directeur, et le serment prêté par le juré, le greffier appelle successivement les causes qui doivent être examinées par le jury. A l'appel de

l'affaire, le magistrat directeur du jury, met sous les yeux des jurés : 1° le tableau des offres et demandes notifiées en exécution des art. 23 et 24 de la loi du 3 mai 1841 ; 2° les plans parcellaires et autres titres ou documents produits par les parties à l'appui de leurs offres et demandes. Les parties ont en outre le droit de présenter leurs observations devant le jury; elles peuvent se faire représenter par un fondé de pouvoir, par un avocat, par exemple : on plaide devant le jury de l'expropriation. Le jury a d'ailleurs le droit d'entendre toutes les personnes qu'il croit pouvoir l'éclairer. Il peut en outre se transporter sur les lieux ou déléguer à cet effet un ou plusieurs de ses membres. La discussion est publique, elle peut avoir lieu en plusieurs séances. La clôture de l'instruction est prononcée par le magistrat directeur du jury. Les jurés se retirent immédiatement pour délibérer sans désemparer sous la présidence de l'un d'eux qu'ils désignent à l'instant même.

115. La décision du jury fixe le montant de l'indemnité. Cette décision est prise à la majorité des voix ; en cas de partage, la voix du président est prépondérante. Une hypothèse exceptionnelle peut se présenter. Il peut se faire que chacun des jurés veuille fixer un chiffre différent pour l'indemnité, par exemple les chiffres proposés s'échelonnent entre 40 et 50,000 fr. On retranche alors les chiffres

extrêmes qui ont évidemment contre eux la majorité et on arrive ainsi au chiffre moyen qui a la majorité pour lui. La décision du jury est signée du président et de tous les membres; elle est remise au magistrat directeur du jury qui la proclame et la rend exécutoire. Il envoie en même temps l'administration en possession des immeubles expropriés, à la condition de payer préalablement les indemnités allouées par le jury. Le magistrat directeur du jury statue en même temps sur les dépens auxquels il condamne l'administration ou les parties dans la mesure où elles ont succombé.

§ III.

BASES D'ÉVALUATION DES INDEMNITÉS.

116. Division.

I. 117. Indemnité due au propriétaire. — Ses éléments.

118. 1er chef. — Valeur intrinsèque du fonds exproprié.

119. L'indemnité doit être représentative de la valeur du sol et de la superficie.

120. 2e chef. — Dommage causé au restant de la propriété.

121. *Quid* lorsque l'expropriant promet certains travaux destinés à atténuer ce dommage.

122. *Quid* dans le cas où ces travaux sont seulement indiqués sur les plans de l'expropriant.

123. Importance de la clause relative aux clôtures.

124. De la plus value qui doit être prise en considération dans l'évaluation de l'indemnité.

125. Elle doit être immédiate et spéciale.

126. Dans quelle mesure doit-il en être tenu compte.

127. Du cas où l'exproprié peut forcer l'administration à acquérir tout son immeuble.

128. Bâtiments.

129. Propriété non bâties.

130. Délai accordé au propriétaire pour faire sa demande.

131. 3e chef. — Frais de dépossession et de déménagement.

132. *Quid* des frais de remploi ?

133. Les intérêts de l'indemnité courent au bout de six mois.

134. *Quid* si l'administration prend possession avant les six mois ?

II. 135. Indemnité due au fermier ou locataire.

136. L'administration est-elle libre de fixer à son gré le moment de sa prise de possession ?

137. *Quid* des baux sous seing-privé n'ayant pas date certaine.

138. Compétence du tribunal.

139. Sous-locataires.

III. 140. Indemnités dues aux créanciers de droits d'usage et de servitude.

141. Observation générale commune à tous les indemnitaires.

116. Pour étudier les bases qui doivent servir à l'évaluation des indemnités par le jury, il importe de distinguer trois classes d'indemnités :

l'indemnité due au propriétaire, l'indemnité due au locataire ou fermier, enfin l'indemnité due aux créanciers de droits d'usage et de servitude.

I.—117. L'indemnité due au propriétaire porte sur quatre chefs distincts : 1° Le propriétaire doit recevoir l'équivalent de la valeur intrinsèque de l'immeuble exproprié; 2° il doit être indemnisé de la dépréciation résultant de l'expropriation pour le surplus de la propriété non expropriée; 3° des embarras et frais de dépossession et de déménagement; 4° enfin, dans certains cas, l'indemnité doit comprendre les frais de remploi s'il y a lieu.

118. On doit d'abord payer au propriétaire la valeur de l'immeuble qu'on lui prend. Comment estimera-t-on cette valeur ? Une loi de 1791 disait de prendre le revenu de l'immeuble, d'en calculer le capital au denier 20, et d'ajouter à la somme ainsi obtenue un supplément de 5 pour 100 à titre de consolation. C'était peut-être un souvenir de la jurisprudence de plusieurs de nos anciens parlements, chez lesquels, d'après Duperrier, cité par Merlin, « c'était un usage con-« stant d'ordonner que le prix de la vente forcée « fût augmentée d'un cinquième en sus de la « valeur réelle du bien (Merlin, v° Retrait d'util. « publ.). » Les lois postérieures n'ont fixé aucun taux; c'est au jury d'apprécier en conscience ce

qui doit être alloué au propriétaire. On doit lui tenir compte de la valeur la plus élevée que sa chose vendue dans les meilleures conditions possibles aurait pu atteindre. Il doit en être ainsi pour que le propriétaire soit complètement indemne. Il ne doit pas faire une spéculation, mais il a droit à une large et complète compensation.

119. Il serait évidemment injuste d'accorder au propriétaire une indemnité représentative de la valeur que les travaux qui motivent l'expropriation confèrent à la parcelle expropriée ; mais on doit estimer l'immeuble absolument tel qu'il est au moment de l'expropriation. Ainsi, on ne peut, suivant l'usage suivi en Angleterre, obliger le propriétaire à enlever les plantations et les constructions qui couvrent la superficie de son fonds et décompter sur l'indemnité la valeur des matériaux et des bois. C'est l'immeuble entier qui est exproprié avec tout ce qui s'y rattache. En pratique, il intervient souvent des arrangements entre l'administration et les propriétaires ; mais, en principe, l'indemnité doit être représentative de la valeur du sol et de la superficie. Toutefois, aux termes de l'art. 52, si, en raison de circonstances dont la loi lui laisse l'appréciation discrétionnaire, le jury acquiert la conviction que des plantations, améliorations ou constructions ont été faites uniquement en vue de spéculer sur l'indemnité d'expropriation, le jury ne doit pas en tenir compte.

120. — Un second chef de l'indemnité due au propriétaire est le dommage causé par l'expropriation au surplus de la propriété dont une partie a été expropriée.

Une première condition pour que ce chef d'indemnité existe en faveur du propriétaire, c'est qu'il s'agisse bien du restant de la propriété dont une partie a été expropriée, et non d'un ensemble distinct, bien que voisin ou contigu. On verra qu'il devra en être de même lorsqu'il s'agira d'admettre en compensation la plus value conférée au restant de la propriété (S., 59. 1. 955). Il faut, en outre, que le dommage causé au restant de la propriété résulte de l'expropriation elle-même. S'il ne doit être que la conséquence des travaux, le jury n'a pas le droit de l'apprécier et de le réparer en élevant l'indemnité du propriétaire. Il s'agirait alors d'un simple dommage résultant de travaux publics ; or, on sait que depuis la loi du 28 pluviôse an VIII, c'est au Conseil de préfecture qu'il appartient exclusivement de statuer en cette matière. Le jury ne se préoccupe que du dommage qui est la suite même et immédiate de l'expropriation. Ce n'est pas à dire que l'indemnité due par suite d'expropriation sera toujours bornée à la simple valeur vénale de la parcelle expropriée ; il y a un grand nombre de dommages qui sont la suite directe de l'expropriation : par exemple, l'expropriation enlève une partie d'un terrain clos, elle enlève une parcelle d'une propriété où se trouvait une source qui rendait des services pour l'exploitation de toute la propriété : il est évident que dans ces deux hypothèses, la privation de clôture et la privation du droit à l'eau sont les suites directes de l'expropriation, et que l'appréciation et la réparation du dommage occasionné seront bien de la compétence du jury.

121. Souvent ce second chef de l'indemnité due au propriétaire est de tous le plus considérable. Aussi l'administration s'efforce-t-elle dans ses plans de l'atténuer autant que possible par des travaux destinés à diminuer les inconvénients qui résultent de l'expropriation. Le jury doit prendre les choses dans l'état où les mettent les plans de l'administration. Il doit également tenir compte des promesses que l'administration fait aux parties d'exécuter tels ou tels travaux. Comme le propriétaire n'a certainement pas le droit de forcer l'administration à exécuter les travaux indiqués ou promis, le plus sûr et le plus simple pour lui est de faire fixer une indemnité éventuelle et supplémentaire qui lui sera due si l'administration n'exécute pas ses promesses. Mais si l'exproprié n'a pas pris cette précaution et s'il s'est borné à prendre acte des travaux indiqués ou promis, il ne reste pas désarmé en présence de l'administration : il a droit de faire liquider une indemnité supplémentaire par le jury d'expropriation.

122. Cette sanction du droit de l'exproprié a été admise par la Cour de Caen par un arrêt du 6 avril 1842. Lors de la construction du canal de Caen à la mer, un herbage se trouvait, par suite de la construction de ce canal, entouré d'eau de tous côtés. Lors de l'expropriation, l'administration promit d'installer un bac pour accéder à l'herbage isolé; il en résulta une notable diminution du chiffre de l'indemnité à allouer par le jury. Le propriétaire se borna à prendre acte de l'engagement de l'administration. Plus tard, l'administration trouva qu'il était trop coûteux d'établir un bac et refusa de tenir sa promesse. Un long procès s'engagea, à la suite duquel la Cour de Caen décida que l'exproprié avait droit à une indemnité supplémentaire, et que cette indemnité devait être réglée par le jury d'expropriation. Il était juste, en effet, que le propriétaire ne vît pas sa situation défavorablement modifiée et ne fût pas privé des garanties que présentait pour lui le jury, parce que l'administration n'avait pas tenu sa parole. On voit combien il est important de prendre acte des promesses de l'administration lorsqu'on n'a pas eu recours au premier moyen, le plus simple, la fixation d'une indemnité éventuelle. S'il est plus sûr pour l'exproprié d'avoir un titre spécial contre l'administration, il n'est pas moins certain que les tribunaux doivent ordonner la liquidation d'une indemnité supplémentaire en s'appuyant uniquement sur les indications des plans que l'ad-

ministration à soumis au jury. C'est, en effet, sur ces plans que le jury s'est basé pour apprécier le dommage causé ; il y aurait une injustice flagrante à rejeter une réclamation qui s'appuierait sur la différence entre les travaux indiqués aux plans et ceux exécutés par l'administration.

123. Il est une hypothèse très-pratique dans laquelle il importe beaucoup aux expropriés de bien faire déterminer les obligations que prend l'expropriant. Nous voulons parler des clôtures le long des voies de chemin de fer. Le propriétaire doit avoir soin de bien faire préciser que la compagnie entend s'obliger à faire des clôtures suffisantes pour arrêter les animaux. Si cette précaution n'a pas été prise et si un accident arrive, quel que soit le tort causé au propriétaire, la compagnie répondra à toutes ses réclamations qu'elle n'a entendu se clore que dans l'intérêt de la ligne et non dans l'intérêt des propriétaires voisins et que par conséquent, il n'a droit à aucune indemnité.

124. Immédiatement après l'article qui prescrit de tenir compte dans la fixation de l'indemnité du dommage occasionné au surplus de la propriété, par suite de l'expropriation, vient l'art. 51 qui établit une sorte de contre-partie à l'art. 50. D'après cet article, si l'exécution des travaux doit procurer une augmentation de valeur immédiate et spéciale au restant de la propriété, cette

augmentation sera prise en considération dans l'évaluation du montant de l'indemnité.

Comme nous l'avons indiqué, l'augmentation de valeur doit se produire au profit du restant de la propriété même dont une partie a été expropriée (S., 59. 1. 955).

125. Il faut en outre que cette augmentation de valeur remplisse une double condition. Elle doit d'abord être immédiate. On ne doit pas prendre en considération un avantage qui n'existe pas sur-le-champ. L'éventualité même la plus favorable et la plus probable ne doit être comptée pour rien. La plus value immédiate doit encore être spéciale, c'est-à-dire que le restant de l'immeuble doit seul en profiter. Il est évident que cette condition ne serait pas remplie si la plus value dont profite le restant de la propriété s'étendait à tout un ensemble d'immeubles dans un certain rayon.

126. L'art. 51 dit qu'il sera tenu compte de la plus value dans la fixation de l'indemnité. Le texte est général et ne semble pas préciser l'élément de l'indemnité avec lequel la compensation doit s'opérer. On a cependant élevé la question de savoir si la compensation indiquée peut s'étendre au-delà du chef de l'indemnité relatif au dommage causé au surplus de la propriété, ou bien si elle peut atteindre la partie de l'indemnité représentative de la valeur intrinsèque de l'immeuble

exproprié. En 1839, la Cour de cassation se prononça pour la négative; d'après l'arrêt, la valeur du terrain est due par le fait même de l'expropriation (S., 39. 1. 794). Lors de la loi de 1841 , on proposa de faire passer dans le texte le principe de la Cour de cassation. La Chambre ne le jugea pas à propos. Elle admit l'art. 51 dans sa généralité tel qu'il nous est resté. Elle reconnut toutefois que la compensation ne pouvait jamais être intégrale, et avoir pour résultat d'anéantir l'indemnité; qu'il devait toujours y avoir une indemnité. Cela ne résulte pas seulement des déclarations qui furent faites lors de la discussion de la loi, mais encore de la rédaction même de l'article : « Cette augmentation « sera prise en considération dans l'évaluation du « *montant de l'indemnité.* » Il doit donc toujours y avoir une indemnité ; mais le jury a un pouvoir discrétionnaire pour la réduire. La loi ne pouvait assigner de terme à cette réduction. Elle ne l'a pas fait, pas plus qu'elle n'a fixé de minimun pour l'offre de l'expropriant. Toutefois, cette offre jusqu'à laquelle le jury peut descendre ne doit pas impliquer la dénégation du droit à l'indemnité. La jurisprudence est formée en ce sens (Cass., 12 mars 1856 et 31 déc. 1867). L'indemnité offerte par l'administration et accordée par le jury peut arriver à n'être que l'accomplissement d'une simple formalité pour se conformer au texte de la loi. On peut en voir la preuve dans les arrêts précités et notamment dans le dernier, rapporté dans D., 68. 1. 15, qui décide que l'expropriant peut offrir et le jury accorder une indemnité de 1 f. Il faut reconnaître qu'il était difficile d'admettre que la modicité de l'indemnité pût être considérée comme une dénégation du droit, le jury étant libre de fixer l'indemnité discrétionnairement selon sa conscience, en tenant compte non-seulement de la plus value conférée au restant de la propriété, mais encore d'autres motifs dont il est le seul juge.

Cette observation est d'ailleurs commune à tous les chefs d'indemnité que nous étudions. Nous essayons d'indiquer à quoi est tenu le jury pour obéir consciencieusement à la loi sans qu'il soit cependant soumis à aucune sanction légale.

127. A propos du second chef de l'indemnité due au propriétaire résultant de la dépréciation occasionnée par l'expropriation au surplus de la propriété, nous devons signaler une disposition de l'art. 50. Dans l'hypothèse de cet article, la loi suppose que la dépréciation occasionnée au surplus de la propriété par l'expropriation de l'une de ses parties est assez considérable pour qu'il soit nécessaire d'accorder au propriétaire le droit de forcer l'administration à acquérir les parties qui n'étaient pas primitivement comprises dans l'expropriation. Ce droit exceptionnel peut être exercé dans deux cas.

128. 1° Lorsqu'une portion de bâtiments est atteinte par l'expropriation, le propriétaire peut requérir qu'on achète tous les bâtiments par une déclaration formelle adressée au magistrat directeur du jury dans le délai de quinzaine, à partir de la notification des offres, s'il est capable et jouissant de ses droits, et d'un mois pour les incapables, délai fixé par les art. 25 et 27 pour répondre aux offres. On aurait pu accorder au propriétaire une indemnité pour réparer les constructions atteintes et remplacer les bâtiments expropriés; mais on n'a pas voulu le forcer à subir les ennuis et les embarras que ces travaux entraînent toujours avec eux. Quant à la question de savoir si c'est bien une portion de bâtiment qui a été expropriée et non un édifice voisin ou contigu, mais distinct, c'est là un point important dont l'appréciation dépend de l'état des lieux. La décision, dans ce cas, n'appartient point au jury; il ne peut jamais statuer sur les difficultés étrangères à la fixation et au réglement de l'indemnité. Le tribunal civil est seul compétent. Le jury doit donc fixer une indemnité alternative statuant hypothétiquement pour le cas où l'administration triompherait et pour le cas où elle succomberait dans ses prétentions.

129. 2° La loi étend la disposition du § 1er de l'art. 50 aux propriétés non bâties. Pour que le propriétaire d'un immeuble non bâti, dont une

partie a été atteinte par l'expropriation, puisse réclamer l'expropriation totale de son fonds, trois conditions sont nécessaires et suffisantes : 1° l'immeuble doit être réduit au quart de sa contenance totale ; — 2° la portion qui reste ne doit pas être d'une contenance de 10 ares ; — 3° elle ne doit pas être contiguë à un immeuble appartenant au même propriétaire.

130. — Dans les deux cas prévus par l'art. 50, il résulte des termes de cet article que le délai imparti au propriétaire pour faire la déclaration exigée est déterminé à peine de nullité. On ne veut pas que l'administration soit prise au dépourvu ; il faut qu'elle ait le temps d'examiner les réclamations. Le texte lui donne le droit de repousser celles qui se produisent à la dernière heure ; mais en pratique, elle n'en use pas, de peur d'indisposer le jury et de lui faire surélever le chiffre de l'indemnité. Le droit de l'administration n'en est cependant pas moins certain.

131. — Nous venons de voir les deux premiers chefs de l'indemnité due à l'exproprié : la valeur intrinsèque du fonds et le dommage causé au surplus de la propriété par suite de l'expropriation. Les frais de dépossession et de déménagement constituent le troisième chef de cette indemnité. En forçant le propriétaire à se déposséder et à déménager, on lui cause un préjudice souvent considérable ; il est évident que l'expropriant doit

l'indemniser du dommage qu'il éprouve. Ce chef d'indemnité, généralement peu important dans les campagnes et dans les petites villes, atteint dans les grands centres une importance énorme. Il est surtout pour l'expropriant une source de frais considérables, lorsqu'il se trouve en présence d'établissements industriels ou commerciaux.

132. Les frais de remploi du prix ou plutôt de l'indemnité accordée pour l'immeuble exproprié constituent dans certains cas un quatrième chef de l'indemnité due au propriétaire. D'abord lorsque ce remploi est obligatoire : par exemple, si l'on a exproprié un bien dotal, on est d'accord à reconnaître que le jury doit tenir compte des frais de remploi. Il est en effet de principe que l'expropriation doit laisser l'exproprié complètement indemne. Or ce principe serait violé si on laissait à la charge de l'exproprié les frais d'un remploi qu'il devra nécessairement faire. Nous irons plus loin, et nous déciderons par le même motif que le jury devra tenir compte des frais de remploi, toutes les fois que l'examen des faits et des circonstances d'une nature quelconque feront naître chez les jurés la conviction sérieuse que le remploi sera réellement effectué.

Tels sont les différents chefs de l'indemnité due au propriétaire.

133. Aux termes de l'art. 55, § 2, quand l'in-

demnité aura été réglée, si elle n'est ni acquittée ni consignée dans les six mois de la délibération du jury, les intérêts courent de plein droit à l'expiration de ce délai, bien que le propriétaire conserve la jouissance de l'immeuble exproprié. On a considéré que cette jouissance essentiellement précaire ne lui procurait pas les avantages qu'il pouvait en retirer et qu'elle ne devait pas le priver des intérêts. Il est évident que, malgré la formule trop absolue de l'art. 55, si l'administration, avec le consentement du propriétaire, prend possession avant l'expiration des six mois sans avoir payé préalablement l'indemnité due au propriétaire, elle en doit les intérêts du jour de la prise de possession. L'administration n'élève d'ailleurs jamais de contestation sur ce point. Il n'y a là, en effet, qu'une application du principe de l'art. 1652 du Code Napoléon.

134. Le même art. 55 a donné lieu à une difficulté dans l'hypothèse suivante : l'indemnité due au propriétaire a été réglée par le jury. L'administration a laissé au propriétaire la jouissance de son immeuble ; mais avant l'expiration du délai de six mois, elle lui paie l'indemnité qui lui a été allouée et elle entre en possession des parcelles expropriées. Mais dans l'intervalle écoulé entre la décision du jury et la prise de possession, le propriétaire a fait les travaux ordinaires pour rendre sa jouissance productive.

Il a labouré, il a engraissé, ensemencé; il a fait des frais et on le dépossède au moment ou la récolte allait l'en dédommager. Il réclame une indemnité réparatrice du dommage que lui fait éprouver la prise de possession inopportune. L'administration lui répond : toute l'indemnité à laquelle vous aviez droit a été complètement liquidée par le jury ; avant six mois vous n'avez rien à prétendre; à l'expiration de ce délai seulement vous aurez droit non pas à une indemnité, mais uniquement à l'intérêt de l'indemnité que le jury vous a accordée. Cette réponse ne nous semble pas concluante. Le fait dont le propriétaire se plaint n'a pas été pris en considération dans la fixation de l'indemnité par le jury. La loi autorise le propriétaire à conserver la jouissance de sa chose jusqu'au paiement de l'indemnité et pendant la première période de six mois, elle ne donne pas au propriétaire l'intérêt de l'indemnité représentatif de cette jouissance: c'est donc qu'elle considère lui avoir laissé une jouissance utile, dans les conditions ordinaires, c'est-à-dire qu'elle entend que l'expropriant peut tirer de sa chose le parti que comporte sa destination. En un mot, le propriétaire qui ne reçoit pas d'intérêts a le droit de rendre productive la jouissance qui lui est laissée, et si par le fait de l'administration il se trouve lésé dans l'exercice de ce droit, il peut réclamer une indemnité. Cette indemnité ne sera pas réglée par le jury : on doit voir dans ce cas un dommage occasionné par des travaux publics. La réclamation devra donc être portée devant le Conseil de préfecture, auquel appartient le réglement des indemnités dues pour ces sortes de dommages.

II. 135. *Indemnité due aux fermiers ou locataires.*—Une première observation doit être faite. Le fermier ou locataire n'a droit à aucune indemnité pour la privation elle-même de la jouissance de la chose en général. Si on lui en accordait une on ferait double emploi. Le jury a, en effet, déjà tenu compte de la privation de la jouissance au propriétaire. Le fermier obligé de quitter l'immeuble avant l'expiration du bail, ou bien privé d'une partie de cet immeuble, se retournera contre le propriétaire et obtiendra une diminution proportionnelle. S'il s'élève des difficultés sur ce point entre le fermier et le propriétaire, elles seront tranchées par le tribunal civil.

Quels sont donc les chefs de l'indemnité due au locataire? Il doit d'abord être indemnisé des bénéfices qu'il était en droit d'attendre de l'exécution de son bail. — On doit, en second lieu, tenir compte des difficultés spéciales que peut lui occasionner pour l'exploitation du restant de sa propriété l'expropriation des parcelles qu'on lui prend. Il faut éviter de faire double emploi avec le second chef de l'indemnité accordée au propriétaire. Il faut que la difficulté porte sur le mode spécial et la nature particulière de l'exploitation du locataire. Si, en effet, l'expropriation, sans affecter plus spécialement les habitudes particulières du locataire, rendait, en général, l'exploitation plus difficile, le jury en aurait tenu compte au propriétaire en appréciant les dommages causés au restant de la propriété. Le fermier ne pourrait donc pas réclamer une nouvelle indemnité à l'expropriant, il n'aurait que son recours contre le bailleur. — Enfin et en dernier lieu, le locataire doit être indemnisé du dommage qui résulte pour lui de la dépossession et du déménagement. Tels sont les chefs de l'indemnité due au locataire. Cette indemnité a, dans les grandes villes, une importance énorme ; on en a vu des exemples presque effrayants dans les récentes expropriations poursuivies par la Ville de Paris.

136. Deux questions importantes ont été soulevées. Nous avons déjà indiqué la première sans la résoudre, le moment est venu d'y répondre. Lorsque le jugement d'expropriation a été rendu, l'administration a-t-elle le droit de choisir entre la résolution du bail ou son exécution ? Peut-elle, à son gré, expulser les locataires et leur payer une indemnité, ou, en laissant finir le bail, se dispenser du paiement de toute indemnité ? Nous pensons que le jugement d'expropriation emporte la résolution absolue du bail pour les deux parties.

Nous sommes en présence d'un contrat synallagmatique qui doit engager les deux parties. Or, l'administration n'est plus liée, à partir du jugement, envers les locataires; on ne peut pas admettre davantage que ceux-ci soient liés envers elle. Il pourrait d'ailleurs résulter de la solution contraire une grave injustice contre le locataire. Voilà tout un quartier qui est exproprié; l'administration prend possession de presque tous les immeubles, mais elle prétend laisser achever le bail de plusieurs commerçants ou industriels dont les établissements sont compromis par les expropriations voisines. C'est impossible. La Cour de cassation s'est prononcée en faveur du locataire dans plusieurs arrêts, et notamment dans un arrêt de cassation du 4 juillet 1864. L'affaire fut renvoyée devant la Cour de Rouen, qui adopta la doctrine de la Cour de cassation dans son arrêt du 6 avril 1865 (*Recueil des Cours impériales de Caen et de Rouen*, R. 281).

137. La seconde question est relative au locataire qui présente à l'expropriant un bail sous seing privé n'ayant pas date certaine avant le jugement d'expropriation. Aux termes de l'art. 1743 du Code Napoléon, l'acquéreur peut expulser le locataire qui n'a pas de bail authentique ou un bail sous seing privé ayant date certaine, et aux termes de l'art. 1750 du même Code, l'acquéreur n'est tenu d'aucuns dommages et intérêts. Doit-on

assimiler l'expropriant à un acquéreur ordinaire et lui permettre d'expulser sans indemnité le locataire ou fermier qui ne lui présente qu'un bail sous seing privé et n'ayant pas de date certaine. Cela pourrait sembler conforme à la rigueur des principes, mais ce serait bien dur. Un pareil système aurait d'ailleurs beaucoup de chances d'indisposer le jury. Le propriétaire a usé de son droit et le locataire n'est pas en faute. Toutes les fois que le jury en raison des circonstances, du caractère et de l'honorabilité des parties, n'aura pas de doutes sur la sincérité du bail qui lui est présenté, il devra accorder une indemnité en rapport avec les conditions du bail. Il ne faut pas oublier que l'administration n'est point un acquéreur ordinaire. C'est un acquéreur qui s'impose. D'ailleurs la solution que nous proposons nous paraît rentrer dans l'esprit de l'art. 48, qui accorde au jury un pouvoir discrétionnaire pour juger de la sincérité des titres et de l'effet des actes qui lui sont soumis. Il est juste de reconnaître qu'en général l'administration ne demande pas mieux que de tenir compte des baux dont la sincérité lui paraît constante.

138. Mais s'il y a des doutes sur la sincérité du bail, ce ne sera pas au jury mais, bien à l'autorité judiciaire de trancher la question, et dans ce cas comme dans tous les cas analogues le droit et le devoir du jury est de liquider une

double indemnité en prévision de la double issue possible de la contestation qui s'engage entre l'administration et les parties. Dans toutes les hypothèses où le jury fixe deux indemnités, c'est toujours la plus forte que l'administration doit consigner avant de prendre possession.

139. Nous avons vu plus haut que les sous-locataires ont droit à une indemnité. Nous avons également indiqué comment ils peuvent arriver à connaître l'expropriation et à obtenir l'indemnité à laquelle ils ont droit. Nous n'avons pas à développer longuement les bases d'évaluation de cette indemnité; il est évident qu'elles sont les mêmes que celles de l'indemnité due au locataire.

III 140. *Créanciers de droits d'usage et de servitude.*—Le jury doit apprécier ce que valaient pour ces différents indemnitaires les droits dont ils sont privés par l'expropriation. Il a dû déjà tenir compte de l'existence de ces droits en liquidant l'indemnité due au propriétaire et lui faire subir une diminution en rapport avec la dépréciation qui en résultait pour la propriété. Observons toutefois que le plus souvent, pour ne pas dire toujours, l'écart sera très-grand entre le tort fait à la propriété par les droits d'usage et de servitude et les avantages qu'en retiraient les titulaires de ses droits, de sorte que l'indemnité qui leur sera allouée sera presque toujours supérieure au chiffre de la réduction qu'aura dû subir l'indemnité du propriétaire.

141 Telles sont les bases des indemnités que le jury doit régler en suivant la procédure que nous avons indiquée. Plusieurs observations sont communes à ces différentes indemnités. 1° En énumérant pour chacune d'elles un certain nombre de chefs, nous n'avons fait qu'une simple analyse théorique des éléments de la décision du jury. Ce serait une grave erreur de le croire obligé de fixer des indemnités distinctes pour chacun des chefs que nous avons indiqués. Il n'est tenu de liquider des indemnités distinctes que pour chacun des indemnitaires. Il suffit que le jury accorde à chacun des ayant-droit, une seule indemnité représentative de toutes les causes de préjudice qu'il peut éprouver. La loi n'exige pas que les jurés indiquent les motifs ou les éléments de leur décision.— 2° Il est de jurisprudence certaine que l'indemnité doit toujours consister en deniers à moins de consentement contraire passé par les ayant-droit.—3° Dans tous les cas où une difficulté de la compétence des tribunaux ordinaires étant de nature à influer sur la fixation du taux de l'indemnité, vient à s'élever entre l'administration et les parties, le jury fixera une indemnité alternative pour le cas où l'administration triompherait et pour le cas où elle succomberait.

§ IV.

VOIES DE RECOURS CONTRE LA DÉCISION DU JURY.

142. Nature du recours. — Motifs.
143. Délai. — Formes.

142. Aux termes de l'art. 42 la décision du jury et l'ordonnance du magistrat directeur du jury ne peuvent être attaquées que par la voie du recours en cassation. Ce recours n'est autorisé que dans le cas où il y a eu violation des articles limitativement déterminés par notre art. 42. De cet article combiné avec les textes auxquels il renvoie, il résulte qu'il y a ouverture au recours en cassation : lorsque le jury a été illégalement constitué ; lorsqu'un des indemnitaires n'a pas été convoqué ; lorsque la procédure n'a pas été régulièrement suivie ; lorsque le jury dans la fixation de l'indemnité est sorti des limites extrêmes tracées par les offres de l'administration comme minimum, et les demandes des parties comme maximum ou bien lorsqu'il a refusé de fixer une indemnité en argent.

143. Le délai pour se pourvoir en cassation contre la décision du jury et l'ordonnance du magistrat directeur du jury est de 15 jours à partir du jour de la décision. Il suffit, comme

pour se pourvoir contre le jugement d'expropriation, de passer par soi ou son fondé de pouvoir une simple déclaration au greffe du tribunal civil. Le pourvoi est porté directement devant la Chambre civile. En un mot, ce pourvoi contre la décision du jury et l'ordonnance du magistrat directeur du jury est formé, notifié et jugé conformément aux règles prescrites par l'art. 20 pour le pourvoi, contre le jugement d'expropriation.

CHAPITRE V.

DU PAIEMENT DES INDEMNITÉS ET DE LA PRISE DE POSSESSION.

144. Paiement préalable. — Renvoi.
145. Cas où les indemnitaires peuvent, mais ne veulent pas recevoir le paiement.
146. Cas où ils ne le peuvent pas.

144. Le jugement d'expropriation a conféré à l'administration la propriété des parcelles dont la cession avait été jugée nécessaire. L'ordonnance du magistrat directeur du jury a autorisé la prise de possession, mais elle ne l'a autorisée qu'à la condition du paiement préalable des indemnités liquidées par le jury. Nous avons déjà expliqué pourquoi le législateur avait dû accorder aux indemnitaires la garantie du paiement préalable à la prise de possession. Nous avons également examiné la sanction du droit reconnu au propriétaire, et nous avons admis, avec un arrêt récent de la Cour impériale de Caen, que le propriétaire pouvait recourir à l'autorité judiciaire pour faire

respecter le droit qu'un texte législatif lui accordait formellement.

145. Si les indemnitaires sont là, ayant le pouvoir et la volonté de recevoir ce qui leur est dû, rien de plus simple : l'administration paie ce qu'elle doit et entre en possession. Mais il peut arriver que des indemnitaires ne veulent pas ou ne peuvent pas recevoir les indemnités que l'administration est disposée à leur payer. Dans le droit commun, aux termes de l'art. 1257 du Code Napoléon, lorsqu'un créancier refuse de recevoir ce qui lui est dû, le débiteur peut lui faire des offres réelles, et, sur le refus du créancier de les accepter, consigner la somme offerte. Les offres réelles suivies de cette consignation libèrent le débiteur. Lorsqu'il s'agit d'expropriation pour des travaux publics communaux, les communes peuvent et doivent se conformer aux règles ordinaires. Il n'en est pas de même de l'État et du Département. Les règles de la comptabilité publique ne permettent pas de laisser sortir l'argent de leurs caisses sans quittances. Les offres réelles ne sont donc pas possibles. Voilà pourquoi on a décidé de remplacer dans ce cas les espèces par un mandat délivré par un ordonnateur compétent, visé par le payeur, et que l'indemnitaire fera payer à la caisse publique qui s'y trouve désignée. Si les ayant-droit refusent d'accepter ce mandat, l'administration consignera en espèces la somme qui est inscrite et prendra possession.

146. S'il arrive que des propriétaires qui peuvent recevoir ce qui leur est dû refusent de l'accepter, il peut arriver et il arrive plus souvent que des propriétaires qui voudraient bien recevoir ne le peuvent pas. C'est cette hypothèse que prévoit et règle l'art. 54 de la loi du 3 mai 1841. Toutes les fois qu'il existe des inscriptions sur l'immeuble exproprié ou d'autres obstacles au versement des deniers entre les mains des ayant-droit, il suffit que les sommes dues par l'administration soient consignées pour être ultérieurement distribuées ou remises conformément aux règles du droit commun.

CHAPITRE VI.

RÉTROCESSION DES PARCELLES EXPROPRIÉES.

147. Les terrains n'ont pas reçu la destination en vue de laquelle ils avaient été expropriés. — Rétrocession.

148. L'administration doit déclarer qu'il y a lieu à rétrocession.

149. Déclaration que doit faire le propriétaire.

150. Si le propriétaire et l'administration ne s'entendent pas, le prix est réglé par le jury.

151. Délai pour passer le contrat de rachat et pour effectuer le paiement.

152. Du cas où le propriétaire avait forcé l'administration à acquérir la totalité de son immeuble.

153. Caractère du droit de rétrocession.

154. A qui il appartient lorsque l'exproprié a cessé d'être propriétaire de l'immeuble dont la parcelle avait été détachée.

147. L'indemnité payée ou consignée dans les conditions ci-dessus indiquées, l'administration entre définitivement en possession des parcelles expropriées. Il semble que tout rapport juridique

est rompu entre l'ancien propriétaire et son immeuble passé entre les mains de l'administration. Il peut cependant arriver que ce propriétaire ait encore certains droits à exercer sur les parcelles qui lui ont été prises. Nous entendons parler de la rétrocession des parcelles qui n'ont pas été employées pour les travaux en vue desquels elles avaient été expropriées. Il peut arriver, en effet, que les terrains acquis ou expropriés pour cause d'utilité publique ne reçoivent pas la destination primitivement projetée, soit que les travaux aient été abandonnés, soit qu'on en ait changé la direction, soit enfin que, ces travaux terminés, certaines parcelles restent disponibles. Dans toutes ces hypothèses le fait qui avait été le motif légitime de l'expropriation ne s'étant pas réalisé, il est juste de permettre au propriétaire de reprendre un immeuble dont on a dû le dépouiller qu'en raison de ce fait. Il y a là une sorte de *causa non secuta*. C'est à ces considérations également justes et rationnelles que s'est rendu le législateur de 1841 en organisant dans les art. 60 et 61, le droit de rétrocession en faveur du propriétaire des parcelles non employées aux travaux publics en vue desquels la cession en avait été déclarée nécessaire. L'exercice du droit de l'ancien propriétaire est soumis à certaines conditions.

148. 1° L'administration doit avoir déclaré la

première qu'elle n'a pas besoin des terrains non employés et qu'elle est dans l'intention de les rétrocéder. On ne pouvait en effet autoriser le propriétaire à prendre l'initiative et à venir réclamer ses anciennes parcelles sous prétexte que les travaux projetés n'étaient pas exécutés. Il fallait laisser à l'administration la liberté complète de son action, qui peut être modifiée par une foule de circonstances. Elle doit en effet tenir compte des questions d'opportunité, des convenances budgétaires et d'une foule d'autres éléments de décision qu'on ne pouvait l'obliger à décliner sur la réquisition du propriétaire. L'administration doit donc avoir déclaré la première son intention de rétrocéder les terrains expropriés. Cette intention doit être portée à la connaissance des intéressés au moyen des mesures de publicité prescrites par l'art. 6 pour l'avertissement collectif donné aux intéressés de prendre connaissance des plans. (Art. 60.)

149. 2° Les propriétaires qui entendent demander la remise des parcelles qui leur ont appartenu, sont tenus d'en faire la déclaration dans les trois mois qui suivent la publication de l'avis que l'administration a dû publier dans les formes ci-dessus indiquées.

150. 3° Si le propriétaire et l'administration ne s'entendent pas sur le prix des parcelles à rétro-

céder, le jury fixera la somme qui devra être payée. Il était juste d'accorder à l'administration les garanties qui résultent de l'intervention du jury, puisque le propriétaire les avait eues lui-même. Dans tous les cas, et quelle que soit la plus value conférée aux parcelles non employées pour l'exécution des travaux, le prix de la rétrocession ne pourra jamais être supérieur au chiffre de l'indemnité d'expropriation.

151. 4° Dans le mois qui suit la fixation du prix, le contrat de rachat doit être passé et le prix doit être payé sous peine, pour le propriétaire, d'être déchu du privilége de la rétrocession. Observons ici que les droits de mutation sont dus pour le contrat de rachat. Il est en effet privé du bénéfice de l'art. 56 de la loi du 3 mai 1841 qui reproduit sur ce point la disposition de la loi. Cela fut formellement reconnu lors de la discussion de cette dernière loi (Duvergier, 33, loi du 7 juillet).

152. 5° Si le propriétaire, usant du droit que lui conférait l'art. 50, a forcé l'administration à acquérir les parcelles qui n'ont pas été employées aux travaux, il n'a pas le droit d'en exiger la rétrocession. Ce droit, néanmoins, ne serait pas perdu pour lui si les travaux qui avaient motivé l'expropriation ont été complètement inexécutés, et si les terrains qui lui ont été pris sont en entier à rétrocéder. Le propriétaire peut alors ré-

pliquer à l'administration qui lui répondait tout à l'heure : c'est vous qui m'avez forcé à acquérir ce que vous prétendez maintenant me contraindre à vous revendre. — C'est vrai, mais je ne vous ai forcée à acquérir le tout que parce que j'étais obligé de vous céder une partie dont l'expropriation compromettait le reste de ma propriété.

153. Plusieurs questions ont été soulevées sur le droit de rétrocession organisé par les art. 60 et 61. On s'est d'abord demandé quel est au juste le caractère de cette rétrocession. Est-ce une revente ou bien ne doit-on y voir qu'une simple résolution. La question ne présente pas seulement un intérêt théorique, elle est d'une importance sérieuse au point de vue des conséquences pratiques. Si la rétrocession constitue bien une revente, le propriétaire acquiert la parcelle telle qu'elle était parvenue et demeurée entre les mains de l'administration, c'est-à-dire dégagée de tous les droits dont le jugement d'expropriation l'avait affranchie. Si au contraire ce n'est qu'une simple résolution, le propriétaire reprend la possession, *jure antiquo et primævo,* c'est-à-dire que tous les droits résolus par le jugement d'expropriation renaissent au profit des tiers. Les textes ne tranchent pas précisément la question, bien qu'ils fassent prédominer très-sensiblement l'idée de revente. Les propriétaires peuvent demander la remise, dit l'art. 60, impliquant aussi l'idée d'une réso-

lution. L'idée de revente au contraire domine dans les textes qui suivent comme l'indiquent les mots dont s'est servi le législateur; *revendre*, *contrat de rachat*. On doit, en tenant compte pour ce qu'ils valent de ces éléments de décision contradictoires, poser en principe que la rétrocession constitue une véritable revente, avec cette seule particularité qu'un droit de préférence est accordé à l'ancien propriétaire. C'est aussi le sens clairement indiqué par les termes de l'art. 19 de la loi du 21 mai 1836, sur les chemins vicinaux qui prend une disposition analogue à celle de nos art. 60 et suivants. Où mènerait d'ailleurs le système contraire? Tous les droits qui renaîtraient sur l'immeuble au profit des tiers amèneraient des complications sans fin. Tous ces ayant-droit qui réapparaîtraient ont tous reçu des indemnités; que de réglements ne faudrait-il pas pour mettre cette situation au net? Le législateur a voulu couper court à toutes ces difficultés. Le propriétaire qui use du droit de rétrocession reprend sa chose en vertu d'un titre nouveau comme s'il ne l'avait jamais possédée et telle qu'elle était entre les mains de l'administration. Son ancienne propriété n'a pour effet que de lui accorder un droit de préférence sur tout autre acquéreur.

154. Une seconde difficulté peut se présenter. Aux termes de l'art. 60, le droit de rétrocession

peut être exercé par le propriétaire ou ses *ayant-droit*. Que faut-il entendre par les *ayant-droit* du propriétaire ? Il faut entendre par ces mots les successeurs aux droits de l'ancien propriétaire et non le détenteur actuel de l'immeuble dont les parcelles à rétrocéder ont été détachées. En principe, le droit à la rétrocession appartient au propriétaire ou à ses successeurs à titre universel; il ne faudrait décider le contraire que dans le cas où il résulterait du titre acquisitif du nouveau propriétaire de l'immeuble que l'exproprié avait entendu lui céder son droit à la rétrocession. Les difficultés que peut soulever cette question ne sont pas du ressort de la juridiction administrative ; elles sont de la compétence exclusive des tribunaux ordinaires.

CHAPITRE VII.

EXCEPTIONS AUX RÈGLES ORDINAIRES DE L'EXPROPRIATION DIRECTE IMMOBILIÈRE.

155. Division.

155. Nous venons de voir les règles ordinaires de l'expropriation des immeubles pour cause d'utilité publique telle qu'elle est organisée par la loi du 3 mai 1841, combinée avec le sénatus-consulte du 25 décembre 1852. L'étude rapide que nous avons essayé de faire indique assez que notre législation a su se tenir à distance des extrêmes et rester dans un juste milieu. Elle n'a pas sacrifié le droit social à l'intérêt privé ; mais elle a entouré l'exercice de ce droit des garanties les plus sérieuses et les plus efficaces en faveur de la propriété privée. Il est cependant des cas où la force même des choses et l'urgence des situations ne permettent pas de suivre les formalités ordinaires. Plusieurs de ces cas exceptionnels ont été prévus par la loi du 3 mai 1841 dans son titre III ; ce ne sont pas les seuls : nous examinerons deux autres cas étrangers à notre loi. Nous

diviserons donc ce dernier chapitre en deux paragraphes : § I, exceptions indiquées par la loi du 3 mai 1841 ; § II, exceptions réglées par des lois spéciales.

§ I.

EXCEPTIONS INDIQUÉES PAR LA LOI DU 3 MAI 1841.

156. Trois exceptions indiquées par la loi du 3 mai 1841.

I. 157. Première exception. — En cas d'urgence.

158. Conditions que l'administration doit remplir.

159. Le régime exceptionnel commence à partir du jugement d'expropriation en vertu du décret impérial qui déclare l'urgence.

160. Le jugement qui détermine le montant de la consignation statue en même temps sur les questions préjudicielles.

161. Du pourvoi en cassation.

162. Consignation. — Ordonnance d'envoi en possession.

163. Liquidation de l'indemnité.

II. 164. Deuxième exception. —Travaux militaires et travaux de la marine impériale.

III. 165. Troisième exception. — Travaux de fortification urgents.

166. Occupation temporaire.

167. Jugement du tribunal.

168. Indemnité à payer. — Somme à consigner. — Liquidation ultérieure des indemnités.

156. Les exceptions aux règles ordinaires de l'expropriation indiquées par le titre VII de la loi du 3 mai 1841 sont au nombre de trois. Des dispositions exceptionnelles sont prises : 1° en cas d'urgence ; 2° en faveur des travaux militaires et des travaux de la marine impériale ; 3° en faveur des travaux militaires ou de fortification urgents. Cette troisième exception est seulement indiquée dans notre loi qui renvoie sur ce point à la loi spéciale du 30 mars 1831.

I. 157. *Première exception.* — En cas d'urgence, l'administration peut prendre possession d'un immeuble dont elle a besoin sans attendre le réglement définitif de l'indemnité par le jury et sans effectuer le paiement préalable, à la condition de consigner une indemnité provisionnelle.

158. Ce n'est pas la seule condition que l'administration ait à remplir ; il en est d'autres qui sont exigées pour l'exercice du droit exorbitant qui lui est accordé : 1° il faut observer que cette première exception ne s'applique qu'aux travaux civils urgents ; les travaux militaires qui doivent être entrepris d'urgence sont soumis à la loi spéciale du 30 mars 1831. 2° Il faut que l'immeuble dont l'expropriant veut s'emparer d'urgence ne soit pas bâti ; il faut en effet que le jury puisse, même après l'exécution des travaux, reconstituer par la pensée l'ancien état des lieux afin d'apprécier aussi

exactement que possible la valeur du terrain occupé en s'aidant des renseignements qu'il pourra prendre et des éléments de décision que pourra lui fournir l'examen des terrains voisins. 3° L'administration est d'abord tenue de suivre toutes les formalités prescrites par la loi du 3 mai 1841 jusqu'au jugement d'expropriation ; ce n'est qu'à cette hauteur de la procédure que peut commencer le système exceptionnel organisé par les art. 65 et suivants. Il faut alors, pour qu'il en soit ainsi, qu'un décret impérial spécial vienne déclarer l'urgence. Le décret peut être rendu avant le jugement d'expropriation, mais il ne peut recevoir son exécution qu'à partir du jugement.

159. Lorsque ces différentes conditions ont été remplies, voici sous le régime exceptionnel qui commence à ce moment, comment les choses se passent : le jugement et le décret impérial sont notifiés au propriétaire et au détenteur avec assignation devant le tribunal à trois jours au moins. Les détenteurs auxquels l'administration peut valablement notifier à défaut du propriétaire sont les usufruitiers, fermiers, locataires, gardiens, régisseurs ou occupants à quelque titre que ce soit.

Aucun avertissement n'est donné aux autres intéressés, mais cela n'a point d'inconvénient. Dans cette période de la procédure, il ne s'agit point de fixer l'indemnité ; il n'est question que de faire consigner provisoirement la somme représentative de la valeur de l'immeuble afin que la dépossession puisse avoir lieu. Une fois l'État saisi des terrains qui sont nécessaires à l'exécution des travaux, les choses reprennent leur cours ordinaire: on appelle les intéressés conformément à l'art. 21, et l'on suit toutes les autres règles établies pour que tous les ayant-droit puissent présenter leurs observations et obtenir une juste indemnité.

L'administration détermine en même temps la somme qu'elle offre de consigner. Si le propriétaire trouve cette somme suffisante, la consignation est faite et tout est dit; mais s'il la trouve insuffisante, le tribunal est appelé à statuer. Le tribunal peut fixer immédiatement la somme qui devra être consignée; si cependant il ne se trouve pas suffisamment éclairé, il peut se transporter sur les lieux ou commettre un juge pour visiter les terrains, recueillir tous les renseignements propres à en déterminer la valeur et en dresser, s'il y a lieu, un état descriptif. Cette opération devra être terminée dans les cinq jours du jugement qui l'a ordonnée. Dans les trois jours de la remise au greffe du procès-verbal de ces opérations, le tribunal devra déterminer la somme que l'administration aura à consigner.

160. Le même jugement qui détermine la somme à consigner statue sur les questions pré-

judicielles qui ont pu s'élever. Aussi un propriétaire soutient que le décret impérial qui déclare l'urgence ne doit pas s'appliquer à son immeuble ; que sa propriété n'a pas été atteinte par le jugement d'expropriation ; qu'elle est couverte de constructions de nature à la soustraire aux effets de la déclaration d'urgence. Dans tous ces cas, le tribunal devra se prononcer sur la valeur des réclamations des propriétaires avant de statuer sur le chiffre de la consignation.

Si les parties ne se présentent pas sur l'assignation qui leur a été donnée par l'administration, le tribunal passe outre et statue.

161. La loi du 3 mai 1841, qui organise cette procédure exceptionnelle, ne défend pas de se pourvoir en cassation contre le jugement du tribunal. Le pourvoi est donc possible toutes les fois qu'il y a eu violation de la loi. La conclusion que nous tirons du silence du texte est d'autant plus juste, que le projet primitif de la loi proposait de supprimer le droit de se pourvoir, et que cette addition fut retranchée de la rédaction définitive. Le pourvoi doit être formé et jugé dans les conditions réglées par l'art. 20 pour le pourvoi formé contre le jugement d'expropriation.

162. Lorsque le jugement qui fixe le montant de la somme à consigner a été rendu, l'administration doit effectuer la consignation de cette

somme, et, en outre, d'une somme suffisante pour assurer pendant deux ans le paiement des intérêts à 5 pour 100 (art. 69). Sur le vu du procès-verbal et sur une nouvelle assignation à deux jours de délai au moins, le président ordonne la prise de possession (art. 70). L'administration est tenue d'assigner les propriétaires afin qu'ils puissent discuter la régularité et la validité de la consignation. Aux termes de l'art. 71, l'ordonnance du président, comme le jugement du tribunal, n'est susceptible ni d'opposition ni d'appel; mais ce que nous avons dit du pourvoi en cassation pour le jugement s'étend également à l'ordonnance du président. Le projet de l'art. 71 avait, en effet, interdit le recours en cassation contre l'ordonnance aussi bien que contre le jugement; mais on retrancha cette partie du projet et on jugea qu'il n'était pas nécessaire d'interdire le pourvoi en cassation contre les deux décisions, parce que ce pourvoi n'était pas suspensif.

L'ordonnance du président doit taxer les dépens qui seront toujours à la charge de l'administration (art. 72).

163. Après la prise de possession, il est, à la requête de la partie la plus diligente, procédé au réglement de l'indemnité suivant les règles ordinaires prescrites par le titre IV de la loi du 3 mai 1841. Si l'indemnité accordée par le jury est inférieure à la somme consignée par l'administra-

tion, le magistrat directeur du jury ordonne la restitution de l'excédant. Si, au contraire, l'indemnité est supérieure à la somme consignée, le supplément devra être consigné dans la quinzaine de la notification de la décision du jury, et à défaut de la consignation, le propriétaire peut s'opposer à la continuation des travaux. Il est évident que le propriétaire devra s'adresser à l'autorité judiciaire pour obtenir la discontinuation des travaux. La loi reconnaît ici au propriétaire le droit de s'opposer à la continuation des travaux, et pourtant il y a urgence. Il en résulte donc *à fortiori* que dans le cas de non-paiement ou de non-consignation de l'indemnité avant l'occupation du terrain, le propriétaire peut faire suspendre les travaux qui n'ont pas été déclarés d'urgence.

II. 164. *Deuxième exception.* — Quand il s'agit de travaux militaires ou de travaux de la marine impériale, dans le cas où il n'y a pas urgence, les art. 75 et 76 de la loi du 3 mai 1841 dérogent au système général de la loi. Un décret impérial, rendu sans être précédé de l'accomplissement d'aucunes formalités, détermine les terrains à exproprier. Les travaux que l'on veut entreprendre ont un but qui ne doit pas être précisément public, et d'un autre côté, les enquêtes par lesquelles on met ordinairement le public en demeure de donner son avis sur l'utilité de l'entreprise, n'ont pas une grande opportunité dans des questions qui sont, en général, du ressort exclusif des gens de l'art et des hommes spéciaux. Voilà pourquoi le décret impérial désigne les parcelles à exproprier sur les propositions des ministres de la guerre et de la marine. A part cette désignation exceptionnelle, tout se passe conformément aux règles ordinaires. Le tribunal prononce l'expropriation sur le vu du décret impérial, et on suit les formes ordinaires pour la liquidation des indemnités.

III. 165. *Troisième exception.*—Cette exception n'est pas réglée par la loi du 3 mai 1841. Elle est seulement indiquée par l'art 76, qui renvoie à la loi du 30 mars 1831, relative à l'expropriation et à l'occupation temporaire, en cas d'urgence, des propriétés privées nécessaires aux travaux de fortification. Aux termes de cette loi, lorsqu'il s'agit de travaux de fortification urgents, l'administration peut occuper temporairement ou exproprier les immeubles nécessaires aux travaux.

166. L'occupation temporaire n'est pas autorisée pour les propriétés bâties : elles doivent être expropriées ; toute occupation leur causerait un dommage irréparable. Mais les propriétés non bâties peuvent être occupées temporairement. Cette occupation ne peut cependant pas durer indéfiniment ; au bout de trois ans, le propriétaire peut exiger l'expropriation. Cette occupation

temporaire constitue une dérogation aux règles ordinaires du droit administratif ; elle n'est pas autorisée, comme l'occupation temporaire, à l'occasion de travaux publics, et ce n'est pas le Conseil de préfecture qui règle l'indemnité. L'occupation est autorisée par un décret impérial, l'envoi en possession est prononcé par le tribunal, et l'indemnité réglée par un jury. L'occupation est, on le voit, assimilée à l'expropriation. Cela s'explique par le dommage que subit la propriété. Il est tellement exceptionnel qu'il sort des prévisions ordinaires de la loi.

167. Le décret impérial déclaratif d'urgence est transmis au maire, qui le publie, et au procureur impérial, qui requiert du tribunal la nomination d'un juge-commissaire et d'un expert. Une ordonnance du juge-commissaire fixe, huit jours d'avance, le jour de sa visite des lieux. Cette ordonnance est transmise au maire, qui la porte à la connaissance des intéressés. Au jour fixé, le juge-commissaire se rend sur le terrain avec l'expert nommé par le tribunal et un autre expert nommé par le préfet ; un agent militaire et un agent du domaine s'y rendent également. L'agent du domaine et l'expert nommé par le préfet lèvent un plan parcellaire des terrains à occuper. L'expert du tribunal dresse un procès-verbal de l'état des lieux destiné à renseigner ultérieurement le juge qui l'a nommé et le jury. On vient

ensuite devant le tribunal, qui fixe deux indemnités : une indemnité de déménagement et une indemnité provisoire d'expropriation. Les propriétaires ont pour déménager un délai de cinq jours pour les propriétés non bâties, et de dix jours pour les propriétés bâties. Ce déménagement précipité peut causer un préjudice grave qu'il est juste de réparer sur-le-champ. Aussi, l'indemnité de déménagement doit-elle être payée immédiatement, tandis que l'indemnité provisoire d'expropriation n'est que consignée par l'administration.

168. La première indemnité payée et la seconde consignée, le tribunal prononce l'envoi en possession des propriétés dont l'administration a requis l'occupation ou l'expropriation. On reprend alors le régime ordinaire de la loi du 3 mai 1841. Le jury liquide les indemnités dues pour l'occupation des propriétés non bâties et pour l'expropriation des propriétés bâties. Au bout de trois ans, si les propriétés non bâties n'ont pas cessé d'être occupées par l'administration, c'est encore le jury qui sera chargé de régler l'indemnité d'expropriation due aux propriétaires des terrains occupés.

Telles sont les exceptions indiquées par notre loi ; voyons maintenant deux autres exceptions qui ont été réglées par des lois spéciales.

§ II.

EXCEPTIONS NON INDIQUÉES PAR LA LOI DU 3 MAI 1841.

169. En cas d'incendie, d'inondation, pouvoir discrétionnaire des représentants de l'administration. — Les propriétaires n'ont droit à aucune indemnité.

170. Lois des 15-28 mars 1790 et des 12-20 août 1790. — Halles, foires et marchés des ci-devant seigneurs justiciers.

171. Expropriations tacites ou de résultance. — Renvoi.

169. Nous citerons deux exceptions que notre loi n'a pas indiquées.

En cas d'incendie ou d'inondation, l'administration dont le devoir est d'assurer la sécurité publique a le droit à cet effet de s'emparer de toute propriété privée sans aucune formalité. Les agents de l'administration qui sont sur les lieux au moment du danger, peuvent d'un mot, d'un geste même, ordonner la démolition d'un édifice. Ce fut formellement reconnu lors de la discussion de la loi. C'est là un cas fortuit et les propriétaires n'ont droit à aucune indemnité, à moins que l'agent n'ait commis une de ces fautes déraisonnables, que ne suffiraient pas à excuser le péril de la situation et le trouble permis dans de certaines limites en de pareils moments.

170. Une autre hypothèse exceptionnelle qui n'a probablement plus qu'un intérêt historique, est prévue et réglée par les lois des 15-28 mars 1790, et des 12-20 août 1790. L'Assemblée constituante attribua aux communes la tenue des foires et marchés qui appartenait avant 1789 aux seigneurs justiciers. Ceux-ci avaient fait, pour l'exploitation de leur privilége, construire des halles, établir des marchés et des champs de foire. Pour que le droit nouveau des communes fût sérieux et pratique, il fallait qu'elles pussent tenir les foires et les marchés aux lieux accoutumés. Voilà pourquoi on accorda aux communes le droit d'exproprier les halles, marchés et champs de foire des ci-devant seigneurs. Mais par contre, et dans un esprit d'équité facile à apprécier, la Constituante accorda à ceux-ci le droit de forcer les communes à acheter ou à louer leurs halles, marchés et champs de foire. Dans le principe, beaucoup de communes laissèrent les seigneurs continuer à tenir les halles, foires et marchés, mais depuis elles ont usé de leur droit. Rien n'était plus simple. Les lois de 1790 avaient déclaré l'utilité publique pour tous ces cas. La commune qui voulait acquérir le marché ou le champ de foire, assignait le propriétaire devant le tribunal qui lui ordonnait de vendre ou de louer à la commune; et réciproquement le tribunal sur l'assignation donnée par le propriétaire à la commune, obligeait celle-

ci à acheter ou à louer la halle, le marché ou le champ de foire du ci-devant seigneur. Quant à l'indemnité, elle était réglée par la juridiction compétente pour liquider les indemnités dues en matière d'expropriation, à l'époque où le fait se produisait, et depuis la loi du 7 juillet 1833, par le jury d'expropriation. Si c'était seulement du louage de la halle, du champ de foire ou du marché qu'il s'agissait, l'occupation par la commune était considérée comme un simple dommage et l'indemnité était réglée par le Conseil de préfecture. Ce droit d'expropriation réciproque pourrait encore se produire très-légalement, s'il y avait lieu en fait. Mais il faudrait bien entendre qu'il s'agit de halles, foires, ou marchés établis avant 1789.

171. Telles sont les exceptions aux règles ordinaires de l'expropriation directe immobilière, la seule dont nous entendons nous occuper. Nous n'avons, par conséquent, pas à étudier les expropriations dites tacites ou de résultance, qui se produisent comme la conséquence de certains actes administratifs : tels que l'alignement, le classement des chemins vicinaux, les réglements d'eau. Ces expropriations doivent naturellement être étudiées à l'occasion des différents actes dont elles sont la conséquence.

SUPPLÉMENT

AU N° 25 CI-DESSUS.

Tout immeuble, par nature susceptible d'un droit de propriété distinct, peut-il être exproprié séparément? Ainsi l'administration peut-elle exproprier le sous-sol d'une propriété immobilière séparément de la superficie ?

Des propriétaires avaient soutenu, avec succès, la négative devant la Cour impériale de Paris. Ils soutenaient que l'administration devait acquérir la totalité du terrain. Voici les considérations qu'ils présentaient : l'art. 552 du Code Napoléon, en décidant que la propriété du sol entraîne celle du dessous, n'a pas, sans doute, entendu dire que les éléments constitutifs du sol fussent soumis à un principe d'indivisibilité tel que tout morcellement fût impossible en faveur du tiers; ainsi, il est certain qu'aux termes de l'art. 553 du Code Napoléon, on peut prescrire ou acheter un souterrain sans le sol d'autrui. Il est également certain que la propriété des mines, des carrières est parfaitement distincte de la propriété de la superficie. Mais, au-dehors de ces différents cas, la proposition absolue de l'art 552 établit formellement le principe de l'indivisibilité de la propriété. Pour faire échec à ce principe, il faut un texte; or, ce texte ne se trouve nulle part, pas plus dans la loi spéciale du 3 mai 1841 que dans aucun autre acte législatif. En vain, on objecte que le propriétaire pourrait céder le sous-sol séparément de la superficie : dans ce cas, le propriétaire agit librement, et *volenti non fit injuria.* Mais, en matière d'expropriation, il y a une grave raison de différence : le propriétaire n'agit pas librement, il est dépouillé malgré lui.

Ces raisons avaient paru décisives à la Cour impériale de Paris. Elles ne parurent pas également concluantes à la Cour de cassation, qui cassa l'arrêt de la Cour de Paris par un arrêt du 1er août 1866. Cet arrêt s'appuie sur les motifs suivants : il résulte de l'art. 553 du Code Napoléon que le dessous peut être détaché du sol par fractions qui forment, à leur tour et par elles-mêmes, une chose essentiellement distincte et susceptible d'appropriation particulière. Il n'y a pas de distinction à établir entre le cas où un tiers en effectue l'acquisition en vertu d'un contrat et celui où l'administration l'effectue en vertu d'un jugement d'expropriation. L'administration est en présence d'une propriété immobilière parfaitement caractérisée qu'elle veut acquérir, on ne peut la forcer à en acquérir une plus étendue. On n'est pas ici dans l'hypothèse de l'art. 50 de la loi du 3 mai 1841, seule hypothèse dans laquelle on puisse forcer l'administration à exproprier plus qu'elle ne voulait.

Cette solution nous semble conforme aux vrais principes ; elle ne doit pas, d'ailleurs, trop effrayer les propriétaires. Si l'expropriation du sous-sol cause quelque dommage immédiat à la superficie, le jury saura en tenir compte ; le dommage causé au surplus de la propriété est un des chefs de l'indemnité qu'il doit liquider. Si des dommages se produisent plus tard, on pourra en demander la réparation au Conseil de préfecture.

Il résulte *a contrario* de l'arrêt précité que si l'administration, pour une raison quelconque, veut exproprier seulement la superficie, elle en a le droit. Alors, comme précédemment, le jury devra tenir compte du tort causé à la partie non expropriée. Cela n'arrivera bien certainement que dans le cas où le soussol aura une valeur spéciale; autrement, s'il n'était d'aucune utilité sérieuse pour l'exproprié, l'expropriant n'aurait aucun intérêt à le lui laisser; le jury ne devrait, en effet, dans ce cas, faire subir aucune réduction à l'indemnité. S. 1866. I. 409.

LOI

SUR L'EXPROPRIATION POUR CAUSE D'UTILITÉ PUBLIQUE.

TITRE PREMIER.

DISPOSITIONS PRÉLIMINAIRES.

Art. 1er. L'expropriation pour cause d'utilité publique s'opère par autorité de justice.

2. Les tribunaux ne peuvent prononcer l'expropriation qu'autant que l'utilité en a été constatée et déclarée dans les formes prescrites par la présente loi. — Ces formes consistent : — 1° Dans la loi ou l'ordonnance royale qui autorise l'exécution des travaux pour lesquels l'expropriation est requise (1) ; — 2° Dans l'acte du préfet qui désigne les localités ou territoires sur lesquels les travaux doivent avoir lieu, lorsque cette désignation ne résulte pas de la loi ou de l'ordonnance royale ; — 3° Dans l'arrêté ultérieur par lequel le préfet détermine les propriétés particulières auxquelles l'expropriation est applicable. — Cette application ne peut être faite à aucune propriété particulière qu'après que les parties intéressées ont été mises en état d'y fournir leurs contredits, selon les règles exprimées au titre II.

(1) Dans la loi ou l'ordonnance... il faut lire : *Dans le décret impérial qui autorise l'exécution des travaux.*

En effet, l'art. 3 de la loi du 3 mai 1841 a été modifié par l'art. 4 du Sénatus-consulte du 25 décembre 1852. Aux termes de cet article, tous les travaux publics sont autorisés par décrets de l'Empereur, rendus dans les formes prescrites par les règlements d'administration publique (V. ci-dessus, p. 40).

3. Tous grands travaux publics, routes royales, canaux, chemins de fer, canalisation des rivières, bassins et docks, entrepris par l'État, les départements, les communes, ou par compagnies particulières, avec ou sans péage, avec ou sans subsides du trésor, avec ou sans aliénation du domaine public, ne pourront être exécutés qu'en vertu d'une loi, qui ne sera rendue qu'après une enquête administrative. — Une ordonnance royale suffira pour autoriser l'exécution des routes départementales, celle des canaux et chemins de fer d'embranchement de moins de vingt mille mètres de longueur, des ponts et de tous autres travaux de moindre importance (1). — Cette ordonnance devra également être précédée d'une enquête. — Ces enquêtes auront lieu dans les formes déterminées par un réglement d'administration publique. (V. *Ord.* 18 février 1834.)

TITRE II.

DES MESURES D'ADMINISTRATION RELATIVES A L'EXPROPRIATION.

4. Les ingénieurs ou autres gens de l'art chargés de l'exécution des travaux lèvent, pour la partie qui s'étend sur chaque commune, le plan parcellaire des terrains ou des édifices dont la cession leur paraît nécessaire.

5. Le plan desdites propriétés particulières, indicatif des noms de chaque propriétaire, tels qu'ils sont inscrits sur la matrice des rôles, reste déposé, pendant huit jours, à la mairie de la commune où les propriétés sont situées, afin que chacun puisse en prendre connaissance.

6. Le délai fixé à l'article précédent ne court qu'à dater de l'avertissement, qui est donné collectivement aux parties intéressées, de prendre communication du plan déposé à la mairie.—Cet avertissement est publié à son de trompe ou de caisse dans la commune, et affiché tant à la principale porte de l'église du lieu qu'à celle de la maison commune. — Il est en outre inséré dans l'un des journaux publiés dans l'arrondissement, ou, s'il n'en existe aucun, dans l'un des journaux du département.

7. Le maire certifie ces publications et affiches ; il mentionne sur un procès-verbal qu'il ouvre à cet effet, et que les parties qui comparaissent

(1) V. note précédente.

sont requises de signer, les déclarations et réclamations qui lui ont été faites verbalement, et y annexe celles qui lui sont transmises par écrit.

8. A l'expiration du délai de huitaine prescrit par l'art. 5, une commission se réunit au chef-lieu de la sous-préfecture. — Cette commission présidée par le sous-préfet de l'arrondissement, sera composée de quatre membres du conseil général du département ou du conseil de l'arrondissement désignés par le préfet, du maire de la commune où les propriétés sont situées, et de l'un des ingénieurs chargés de l'exécution des travaux. — La commission ne peut délibérer valablement qu'autant que cinq de ses membres au moins sont présents. — Dans le cas où le nombre des membres présents serait de six, et où il y aurait partage d'opinions, la voix du président sera prépondérante. — Les propriétaires qu'il s'agit d'exproprier ne peuvent être appelés à faire partie de la commission.

9. La commission reçoit pendant huit jours les observations des propriétaires. — Elle les appelle toutes les fois qu'elle le juge convenable. Elle donne son avis. — Ses opérations doivent être terminées dans le délai de dix jours; après quoi le procès-verbal est adressé immédiatement par le sous-préfet au préfet. — Dans le cas où lesdites opérations n'auraient pas été mises à fin dans le délai ci-dessus, le sous-préfet devra, dans les trois jours, transmettre au préfet son procès-verbal et les documents recueillis.

10. Si la commission propose quelque changement au tracé indiqué par les ingénieurs, le sous-préfet devra, dans la forme indiquée par l'art. 6, en donner immédiatement avis aux propriétaires que ces changements pourront intéresser. Pendant huitaine, à dater de cet avertissement, le procès-verbal et les pièces resteront déposés à la sous-préfecture; les parties intéressées pourront en prendre communication sans déplacement et sans frais, et fournir leurs observations écrites. — Dans les trois jours suivants, le sous-préfet transmettra toutes les pièces à la préfecture.

11. Sur le vu du procès-verbal et des documents y annexés, le préfet détermine, par un arrêté motivé, les propriétés qui doivent être cédées, et indique l'époque à laquelle il sera nécessaire d'en prendre possession. Toutefois, dans le cas où il résulterait de l'avis de la commission qu'il y aurait lieu de modifier le tracé des travaux ordonnés, le préfet surseoira jusqu'à ce qu'il ait été prononcé par l'administration supérieure. — L'administration supérieure pourra, suivant les circonstances, ou statuer définitivement, ou ordonner qu'il soit procédé de nouveau à tout ou partie des formalités prescrites par les articles précédents.

12. Les dispositions des art. 8, 9 et 10 ne sont point applicables aux cas où l'expropriation serait demandée par une commune, et dans un intérêt purement communal, non plus qu'aux travaux d'ouverture ou de redressement des chemins vicinaux. — Dans ce cas, le procès-verbal prescrit par l'art. 7 est transmis, avec l'avis du conseil municipal, par le maire au sous-préfet, qui l'adressera au préfet avec ses observations. — Le préfet, en conseil de préfecture, sur le vu de ce procès-verbal, et sauf l'approbation de l'administration supérieure, prononcera comme il est dit en l'article précédent.

TITRE III.

DE L'EXPROPRIATION ET DE SES SUITES, QUANT AUX PRIVILÉGES ET AUTRES DROITS RÉELS.

13. Si des biens de mineurs, d'interdits, d'absents ou autres incapables, sont compris dans les plans déposés en vertu de l'art. 5, ou dans les modifications admises par l'administration supérieure, aux termes de l'art. 11 de la présente loi, les tuteurs, ceux qui ont été envoyés en possession provisoire, et tous représentants des incapables, peuvent, après autorisation du tribunal donnée sur simple requête, en la chambre du conseil, le ministère public entendu, consentir amiablement à l'aliénation desdits biens. — Le tribunal ordonne les mesures de conservation ou de remploi qu'il juge nécessaires. — Ces dispositions sont applicables aux immeubles dotaux et aux majorats. — Les préfets pourront, dans le même cas, aliéner les biens des départements, s'ils y sont autorisés par délibération du conseil général; les maires ou administrateurs pourront aliéner les biens des communes ou établissements publics, s'ils y sont autorisés par délibération du conseil municipal ou du conseil d'administration, approuvée par le préfet en conseil de préfecture. — Le ministre des finances peut consentir à l'aliénation des biens de l'État, ou de ceux qui font partie de la dotation de la couronne, sur la proposition de l'intendant de la liste civile. A défaut de conventions amiables, soit avec les propriétaires des terrains ou bâtiments dont la cession est reconnue nécessaire, soit avec ceux qui les représentent, le préfet transmet au procureur du Roi dans le ressort duquel les biens sont

situés, la loi ou l'ordonnance qui autorise l'exécution des travaux, et l'arrêté mentionné en l'art. 11.

14. Dans les trois jours, et sur la production des pièces constatant que les formalités prescrites par l'art. 2 du titre Ier, et par le titre II de la présente loi, ont été remplies, le procureur du Roi requiert, et le tribunal prononce l'expropriation pour cause d'utilité publique des terrains ou bâtiments indiqués dans l'arrêté du préfet. — Si, dans l'année de l'arrêté du préfet, l'administration n'a pas poursuivi l'expropriation, tout propriétaire dont les terrains sont compris audit arrêté peut présenter requête au tribunal. Cette requête sera communiquée par le procureur du Roi au préfet, qui devra, dans le plus bref délai, envoyer les pièces, et le tribunal statuera dans les trois jours. — Le même jugement commet un des membres du tribunal pour remplir les fonctions attribuées par le titre IV, chapitre II, au magistrat directeur du jury chargé de fixer l'indemnité, et désigne un autre membre pour le remplacer au besoin. — En cas d'absence ou d'empêchement de ces deux magistrats, il sera pourvu à leur remplacement par une ordonnance sur requête du président du tribunal civil. — Dans le cas où les propriétaires à exproprier consentiraient à la cession, mais où il n'y aurait point accord sur le prix, le tribunal donnera acte du consentement, et désignera le magistrat directeur du jury, sans qu'il soit besoin de rendre le jugement d'expropriation, ni de s'assurer que les formalités prescrites par le titre II ont été remplies.

15. Le jugement est publié et affiché, par extrait, dans la commune de la situation des biens, de la manière indiquée en l'art. 6. Il est, en outre, inséré dans l'un des journaux publiés dans l'arrondissement, ou, s'il n'en existe aucun, dans l'un de ceux du département. — Cet extrait, contenant les noms des propriétaires, les motifs et le dispositif du jugement, leur est notifié au domicile qu'ils auront élu dans l'arrondissement de la situation des biens, par une déclaration faite à la mairie de la commune où les biens sont situés; et, dans le cas où cette élection de domicile n'aurait pas eu lieu, la notification de l'extrait sera faite en double copie au maire et au fermier, locataire, gardien ou régisseur de la propriété. — Toutes les autres notifications prescrites par la présente loi seront faites dans la forme ci-dessus indiquée.

16. Le jugement sera, immédiatement après l'accomplissement des formalités prescrites par l'art. 15 de la présente loi, transcrit au bureau de la conservation des hypothèques de l'arrondissement, conformément à l'art. 2181 du Code civil.

17. Dans la quinzaine de la transcription, les privilèges et les hypothèques conventionnelles, judiciaires ou légales, seront inscrits (1).—A défaut d'inscription dans ce délai, l'immeuble exproprié sera affranchi de tous privilèges et hypothèques, de quelque nature qu'ils soient, sans préjudice des droits des femmes, mineurs et interdits, sur le montant de l'indemnité, tant qu'elle n'a pas été payée ou que l'ordre n'a pas été réglé définitivement entre les créanciers. — Les créanciers inscrits n'auront, dans aucun cas, la faculté de surenchérir, mais ils pourront exiger que l'indemnité soit fixée conformément au titre IV.

18. Les actions en résolution, en revendication, et toutes autres actions réelles, ne pourront arrêter l'expropriation, ni en empêcher l'effet. Le droit des réclamations sera transporté sur le prix, et l'immeuble en demeurera affranchi.

19. Les règles posées dans le premier paragraphe de l'art. 15 et dans les art. 16, 17 et 18, sont applicables dans le cas de conventions amiables passées entre l'administration et les propriétaires. — Cependant l'administration peut, sauf les droits des tiers, et sans accomplir les formalités ci-dessus tracées, payer le prix des acquisitions dont la valeur ne s'élèverait pas au-dessus de cinq cents francs. —Le défaut d'accomplissement des formalités de la purge des hypothèques n'empêche pas l'expropriation d'avoir son cours ; sauf, pour les parties intéressées, à faire valoir leurs droits ultérieurement, dans les formes déterminées par le titre IV de la présente loi.

20. Le jugement ne pourra être attaqué que par la voie du recours en cassation, et seulement pour incompétence, excès de pouvoir ou vices de forme du jugement.— Le pourvoi aura lieu, au plus tard, dans les trois jours, à dater de la notification du jugement, par déclaration au greffe du tribunal. Il sera notifié dans la huitaine, soit à la partie, au domicile indiqué par l'art. 15, soit au préfet ou au maire, suivant la nature des travaux ; le tout à peine de déchéance. — Dans la quinzaine de la notification du pourvoi, les pièces seront adressées à la chambre civile de la cour de cassation, qui statuera dans le mois suivant.

(1) Il ne faut pas oublier qu'une opinion enseigne que l'art. 6 de la loi du 23 mars 1855 est applicable en matière d'expropriation, et que par conséquent les hypothèques sujettes à inscription doivent être inscrites avant la transcription du jugement. Bien que cette doctrine ne soit pas peut-être suivie rigoureusement en pratique, il est bon d'en tenir compte ; il n'y a d'ailleurs aucun inconvénient à se mettre en règle le plus tôt possible (V. ci-dessus, n° 86).

— L'arrêt, s'il est rendu par défaut, à l'expiration de ce délai, ne sera pas susceptible d'opposition.

TITRE IV.

DU RÉGLEMENT DES INDEMNITÉS.

CHAPITRE PREMIER.

MESURES PRÉPARATOIRES.

21. Dans la huitaine qui suit la notification prescrite par l'art. 15, le propriétaire est tenu d'appeler et de faire connaître à l'administration les fermiers, locataires, ceux qui ont des droits d'usufruit, d'habitation ou d'usage, tels qu'ils sont réglés par le Code civil, et ceux qui peuvent réclamer des servitudes résultant des titres mêmes du propriétaire ou d'autres actes dans lesquels il serait intervenu ; sinon il restera seul chargé envers eux des indemnités que ces derniers pourront réclamer. —Les autres intéressés seront en demeure de faire valoir leurs droits par l'avertissement énoncé en l'art. 6, et tenus de se faire connaître à l'administration dans le même délai de huitaine, à défaut de quoi ils seront déchus de tous droits à l'indemnité.

22. Les dispositions de la présente loi relatives aux propriétaires et à leurs créanciers sont applicables à l'usufruitier et à ses créanciers.

23. L'administration notifie aux propriétaires et à tous autres intéressés qui auront été désignés, ou qui seront intervenus dans le délai fixé par l'art. 21, les sommes qu'elle offre pour indemnités. — Ces offres sont, en outre, affichées et publiées conformément à l'art. 6 de la présente loi.

24. Dans la quinzaine suivante, les propriétaires et autres intéressés sont tenus de déclarer leur acceptation, ou, s'ils n'acceptent pas les offres qui leur sont faites, d'indiquer le montant de leurs prétentions.

25. Les femmes mariées sous le régime dotal, assistées de leurs maris, les tuteurs, ceux qui ont été envoyés en possession provisoire des biens d'un absent, et autres personnes qui représentent les incapables, peuvent valablement accepter les offres énoncées en l'art 23, s'ils y sont autorisés dans les formes prescrites par l'art. 13.

26. Le ministre des finances, les préfets, maires ou administrateurs, peuvent accepter les offres d'indemnité pour expropriation des biens appartenant à l'État, à la couronne, aux départements, communes ou établissements publics, dans les formes et avec les autorisations prescrites par l'art. 13.

27. Le délai de quinzaine, fixé par l'art. 24, sera d'un mois dans les cas prévus par les art. 25 et 26.

28. Si les offres de l'administration ne sont pas acceptées dans les délais prescrits par les art. 24 et 27, l'administration citera devant le jury, qui sera convoqué à cet effet, les propriétaires et tous autres intéressés qui auront été désignés, ou qui seront intervenus, pour qu'il soit procédé au réglement des indemnités de la manière indiquée au chapitre suivant. La citation contiendra l'énonciation des offres qui auront été refusées.

CHAPITRE II.

DU JURY SPÉCIAL CHARGÉ DE RÉGLER LES INDEMNITÉS.

29. Dans sa session annuelle, le conseil général du département désigne, pour chaque arrondissement de sous-préfecture, tant sur la liste des électeurs que sur la seconde partie de la liste du jury, trente-six personnes au moins, et soixante-douze au plus, qui ont leur domicile réel dans l'arrondissement, parmi lesquelles sont choisis, jusqu'à la session suivante ordinaire du conseil général, les membres du jury spécial appelé, le cas échéant, à régler les indemnités dues par suite d'expropriation pour cause d'utilité publique. — Le nombre des jurés désignés pour le département de la Seine sera de six cents (1).

30. Toutes les fois qu'il y a lieu de recourir à un jury spécial, la première chambre de la cour royale, dans les départements qui sont le siége d'une cour royale, et, dans les autres départements, la première chambre du tribunal du chef-lieu judiciaire, choisit en la chambre du conseil, sur la liste dressée en vertu de l'article précédent pour l'arrondissement dans lequel ont lieu les expropriations, seize personnes qui

(1) Le nombre des personnes à désigner est porté à 200 pour l'arrondissement de Lyon par la loi du 22 juin 1854.

formeront le jury spécial chargé de fixer définitivement le montant de l'indemnité, et, en outre, quatre jurés supplémentaires ; pendant les vacances, ce choix est déféré à la chambre de la cour ou du tribunal chargée du service des vacations. En cas d'abstention ou de récusation des membres du tribunal, le choix du jury est déféré à la cour royale. — Ne peuvent être choisis : — 1° Les propriétaires, fermiers, locataires des terrains et bâtiments désignés en l'arrêté du préfet pris en vertu de l'art. 11, et qui restent à acquérir ; — 2° Les créanciers ayant inscription sur lesdits immeubles ; — Tous autres intéressés désignés ou intervenant en vertu des art. 21 et 22. — Les septuagénaires sont dispensés, s'ils le requièrent, des fonctions de juré.

31. La liste des seize jurés et des quatre jurés supplémentaires est transmise par le préfet au sous-préfet, qui, après s'être concerté avec le magistrat directeur du jury, convoque les jurés et les parties, en leur indiquant, au moins huit jours à l'avance, le lieu et le jour de la réunion. La notification aux parties leur fait connaître les noms des jurés.

32. Tout juré qui, sans motifs légitimes, manque à l'une des séances ou refuse de prendre part à la délibération, encourt une amende de cent francs au moins, et de trois cents francs au plus. — L'amende est prononcée par le magistrat directeur du jury. — Il statue en dernier ressort sur l'opposition qui serait formée par le juré condamné. — Il prononce également sur les causes d'empêchement que les jurés proposent, ainsi que sur les exclusions ou incompatibilités dont les causes ne seraient survenues ou n'auraient été connues que postérieurement à la désignation faite en vertu de l'art. 30.

33. Ceux des jurés qui se trouvent rayés de la liste par suite des empêchements, exclusions ou incompatibilités prévues à l'article précédent, sont immédiatement remplacés par les jurés supplémentaires, que le magistrat directeur du jury appelle dans l'ordre de leur inscription. — En cas d'insuffisance, le magitrat directeur du jury choisit, sur la liste dressée en vertu de l'art. 29, les personnes nécessaires pour compléter le nombre des seize jurés.

34. Le magistrat directeur du jury est assisté, auprès du jury spécial, du greffier ou commis-greffier du tribunal, qui appelle successivement les causes sur lesquelles le jury doit statuer, et tient procès-verbal des opérations. — Lors de l'appel, l'administration a le droit d'exercer deux récusations péremptoires ; la partie adverse a le même droit. —

Dans le cas où plusieurs intéressés figurent dans la même affaire, ils s'entendent pour l'exercice du droit de récusation, sinon le sort désigne ceux qui doivent en user. — Si le droit de récusation n'est point exercé, ou s'il ne l'est que partiellement, le magistrat directeur du jury procède à la réduction des jurés au nombre de douze, en retranchant les derniers noms inscrits sur la liste.

35. Le jury spécial n'est constitué que lorsque les douze jurés sont présents. — Les jurés ne peuvent délibérer valablement qu'au nombre de neuf au moins.

36. Lorsque le jury est constitué, chaque juré prête serment de remplir ses fonctions avec impartialité.

37. Le magistrat directeur met sous les yeux du jury, — 1° Le tableau des offres et demandes notifiées en exécution des art. 23 et 24 ; — 2° Les plans parcellaires et les titres ou autres documents produits par les parties à l'appui de leurs offres et demandes. — Les parties ou leurs fondés de pouvoirs peuvent présenter sommairement leurs observations. — Le jury pourra entendre toutes les personnes qu'il croira pouvoir l'éclairer. — Il pourra également se transporter sur les lieux, ou déléguer à cet effet un ou plusieurs de ses membres. — La discussion est publique, elle peut être continuée à une autre séance.

38. La clôture de l'instruction est prononcée par le magistrat directeur du jury. — Les jurés se retirent immédiatement dans leur chambre pour délibérer, sans désemparer, sous la présidence de l'un d'eux, qu'ils désignent à l'instant même. — La décision du jury fixe le montant de l'indemnité ; elle est prise à la majorité des voix. — En cas de partage, la voix du président du jury est prépondérante.

39. Le jury prononce des indemnités distinctes en faveur des parties qui les réclament à des titres différents, comme propriétaires, fermiers, locataires, usagers et autres intéressés dont il est parlé à l'art. 21. — Dans le cas d'usufruit, une seule indemnité est fixée par le jury, eu égard à la valeur totale de l'immeuble ; le nu propriétaire et l'usufruitier exercent leurs droits sur le montant de l'indemnité au lieu de l'exercer sur la chose. — L'usufruitier sera tenu de donner caution ; les père et mère ayant l'usufruit légal des biens de leurs enfants en seront seuls dispensés. — Lorsqu'il y a litige sur le fond du droit ou sur la qualité des réclamants, et toutes les fois qu'il s'élève des difficultés étrangères à la fixation du montant de l'indemnité, le jury règle l'indemnité indépendamment de ces litiges et difficultés, sur lesquels les parties sont

renvoyées à se pourvoir devant qui de droit. — L'indemnité allouée par le jury ne peut, en aucun cas, être inférieure aux offres de l'administration, ni supérieure à la demande de la partie intéressée.

40. Si l'indemnité réglée par le jury ne dépasse pas l'offre de l'administration, les parties qui l'auront refusée seront condamnées aux dépens. — Si l'indemnité est égale à la demande des parties, l'administration sera condamnée aux dépens. — Si l'indemnité est à la fois supérieure à l'offre de l'administration, et inférieure à la demande des parties, les dépens seront compensés de manière à être supportés par les parties et l'administration, dans les proportions de leur offre ou de leur demande avec la décision du jury. — Tout indemnitaire qui ne se trouvera pas dans le cas des art. 25 et 26 sera condamné aux dépens, quelle que soit l'estimation ultérieure du jury, s'il a omis de se conformer aux dispositions de l'art. 24.

41. La décision du jury, signée des membres qui y ont concouru, est remise par le président au magistrat directeur, qui la déclare exécutoire, statue sur les dépens, et envoie l'administration en possession de la propriété, à la charge par elle de se conformer aux dispositions des art. 53, 54 et suivants. — Ce magistrat taxe les dépens, dont le tarif est déterminé par un réglement d'administration publique. — La taxe ne comprendra que les actes faits postérieurement à l'offre de l'administration; les frais des actes antérieurs demeurent, dans tous les cas, à la charge de l'administration. (*Ord.* 18 septembre 1833.)

42. La décision du jury et l'ordonnance du magistrat directeur ne peuvent être attaquées que par la voie du recours en cassation, et seulement pour violation du premier paragraphe de l'art. 30, de l'art. 31, des deuxième et quatrième paragraphes de l'art. 34, des art. 35, 36, 37, 38, 39 et 40. – Le délai sera de quinze jours pour ce recours, qui sera d'ailleurs formé, notifié et jugé comme il est dit en l'art. 20; il courra à partir du jour de la décision.

43. Lorsqu'une décision du jury aura été cassée, l'affaire sera renvoyée devant un nouveau jury, choisi dans le même arrondissement.— Néanmoins la cour de cassation pourra, suivant les circonstances, renvoyer l'appréciation de l'indemnité à un jury choisi dans un des arrondissements voisins, quand même il appartiendrait à un autre département. — Il sera procédé, à cet effet, conformément à l'art. 30.

44. Le jury ne connaît que des affaires dont il a été saisi au moment de sa convocation, et statue successivement et sans interruption sur

chacune de ces affaires. — Il ne peut se séparer qu'après avoir réglé toutes les indemnités dont la fixation lui a été ainsi déférée.

45. Les opérations commencées par un jury, et qui ne sont pas encore terminées au moment du renouvellement annuel de la liste générale mentionnée en l'art. 29, sont continuées, jusqu'à conclusion définitive, par le même jury.

46. Après la clôture des opérations du jury, les minutes de ses décisions et les autres pièces qui se rattachent auxdites opérations sont déposées au greffe du tribunal civil de l'arrondissement.

47. Les noms des jurés qui auront fait le service d'une session ne pourront être portés sur le tableau dressé par le conseil général pour l'année suivante.

CHAPITRE III.

DES RÈGLES A SUIVRE POUR LA FIXATION DES INDEMNITÉS.

48. Le jury est juge de la sincérité des titres et de l'effet des actes qui seraient de nature à modifier l'évaluation de l'indemnité.

49. Dans le cas où l'administration contesterait au détenteur exproprié le droit à une indemnité, le jury, sans s'arrêter à la contestation, dont il renvoie le jugement devant qui de droit, fixe l'indemnité comme si elle était due, et le magistrat directeur du juy en ordonne la consignation, pour, ladite indemnité, rester déposée jusqu'à ce que les parties se soient entendues ou que litige soit vidé.

50. Les bâtiments dont il est nécessaire d'acquérir une portion pour cause d'utilité publique seront achetés en entier, si les propriétaires le requièrent par une déclaration formelle adressée au magistrat directeur du jury, dans les délais énoncés aux art. 24 et 27.—Il en sera de même de toute parcelle de terrain qui, par suite du morcellement, se trouvera réduite au quart de la contenance totale, si toutefois le propriétaire ne possède aucun terrain immédiatement contigu, et si la parcelle ainsi réduite est inférieure à dix ares.

51. Si l'exécution des travaux doit procurer une augmentation de valeur immédiate et spéciale au restant de la propriété, cette augmentation sera prise en considération dans l'évaluation du montant de l'indemnité.

52. Les constructions, plantations et améliorations ne donneront lieu à aucune indemnité, lorsque, à raison de l'époque où elles auront

été faites ou de toutes autres circonstances dont l'appréciation lui est abandonnée, le jury acquiert la conviction qu'elles ont été faites dans la vue d'obtenir une indemnité plus élevée.

TITRE V.

DU PAIEMENT DES INDEMNITÉS.

53. Les indemnités réglées par le jury seront, préalablement à la prise de possession, acquittées entre les mains des ayant-droit. — S'ils se refusent à les recevoir, la prise de possession aura lieu après offres réelles et consignation. — S'il s'agit de travaux exécutés par l'État ou les départements, les offres réelles pourront s'effectuer au moyen d'un mandat égal au montant de l'indemnité réglée par le jury : ce mandat, délivré par l'ordonnateur compétent, visé par le payeur, sera payable sur la caisse publique qui s'y trouvera désignée. — Si les ayant-droit refusent de recevoir le mandat, la prise de possession aura lieu après consignation en espèces.

54. Il ne sera pas fait d'offres réelles toutes les fois qu'il existera des inscriptions sur l'immeuble exproprié, ou d'autres obstacles au versement des deniers entre les mains des ayant-droit : dans ce cas, il suffira que les sommes dues par l'administration soient consignées, pour être ultérieurement distribuées ou remises, selon les règles du droit commun.

55. Si, dans les six mois du jugement d'expropriation, l'administration ne poursuit pas la fixation de l'indemnité, les parties pourront exiger qu'il soit procédé à ladite fixation. — Quand l'indemnité aura été réglée, si elle n'est ni acquittée ni consignée dans les six mois de la décision du jury, les intérêts courront de plein droit à l'expiration de ce délai.

TITRE VI.

DISPOSITIONS DIVERSES.

56. Les contrats de vente, quittances et autres actes relatifs à l'acquisition des terrains, peuvent être passés dans la forme des actes

administratifs ; la minute restera déposée au secrétariat de la préfecture : expédition en sera transmise à l'administration des domaines.

57. Les significations et notifications mentionnées en la présente loi sont faites à la diligence du préfet du département de la situation des biens. — Elles peuvent être faites tant par huissier que par tout agent de l'administration dont les procès-verbaux font foi en justice.

58. Les plans, procès-verbaux, certificats, significations, jugements, contrats, quittances et autres actes faits en vertu de la présente loi, seront visés pour timbre et enregistrés gratis, lorsqu'il y aura lieu à la formalité de l'enregistrement. — Il ne sera perçu aucuns droits pour la transcription des actes au bureau des hypothèques. — Les droits perçus sur les acquisitions amiables faites antérieurement aux arrêtés de préfet seront restitués, lorsque, dans le délai de deux ans, à partir de la perception, il sera justifié que les immeubles acquis sont compris dans ces arrêtés. — La restitution des droits ne pourra s'appliquer qu'à la portion des immeubles qui aura été reconnue nécessaire à l'exécution des travaux.

59. Lorsqu'un propriétaire aura accepté les offres de l'administration, le montant de l'indemnité devra, s'il l'exige et s'il n'y a pas eu contestation de la part des tiers dans les délais prescrits par les art. 24 et 27, être versé à la caisse des dépôts et consignations, pour être remis et distribué à qui de droit, selon les règles du droit commun.

60. Si les terrains acquis pour des travaux d'utilité publique ne reçoivent pas cette destination, les anciens propriétaires ou leurs ayant-droit peuvent en demander la remise. — Le prix des terrains rétrocédés est fixé à l'amiable, et, s'il n'y a pas accord, par le jury, dans les formes ci-dessus prescrites. La fixation par le jury ne peut, en aucun cas, excéder la somme moyennant laquelle les terrains ont été acquis.

61. Un avis, publié de la manière indiquée en l'art. 6, fait connaître les terrains que l'administration est dans le cas de revendre. Dans les trois mois de cette publication, les anciens propriétaires qui veulent réacquérir la propriété desdits terrains sont tenus de le déclarer, et, dans le mois de la fixation du prix, soit amiable, soit judiciaire, ils doivent passer le contrat de rachat et payer le prix : le tout à peine de déchéance du privilége que leur accorde l'article précédent.

62. Les dispositions des art. 60 et 61 ne sont pas applicables aux terrains qui auront été acquis sur la réquisition du propriétaire, en vertu de l'art. 50, et qui seraient disponibles après l'exécution des travaux.

63. Les concessionnaires des travaux publics exerceront tous les droits conférés à l'administration, et seront soumis à toutes les obligations qui lui sont imposées par la présente loi.

64. Les contributions de la portion d'immeuble qu'un propriétaire aura cédée, ou dont il aura été exproprié pour cause d'utilité publique, continueront à lui être comptées pendant un an, à partir de la remise de la propriété, pour former son cens électoral.

TITRE VII.

DISPOSITIONS EXCEPTIONNELLES.

—

CHAPITRE PREMIER.

65. Lorsqu'il y aura urgence de prendre possession des terrains non bâtis qui seront soumis à l'expropriation, l'urgence sera spécialement déclarée par une ordonnance royale.

66. En ce cas, après le jugement d'expropriation, l'ordonnance qui déclare l'urgence et le jugement seront notifiés, conformément à l'art. 15, aux propriétaires et aux détenteurs, avec assignation devant le tribunal civil. L'assignation sera donnée à trois jours au moins; elle énoncera la somme offerte par l'administration.

67. Au jour fixé, le propriétaire et les détenteurs seront tenus de déclarer la somme dont ils demandent la consignation avant l'envoi en possession. — Faute par eux de comparaître, il sera procédé en leur absence.

68. Le tribunal fixe le montant de la somme à consigner. — Le tribunal peut se transporter sur les lieux, ou commettre un juge pour visiter les terrains, recueillir tous les renseignements propres à en déterminer la valeur, et en dresser, s'il y a lieu, un procès-verbal descriptif. Cette opération devra être terminée dans les cinq jours, à dater du jugement qui l'aura ordonnée. — Dans les trois jours de la remise de ce procès-verbal au greffe, le tribunal déterminera la somme à consigner.

69. La consignation doit comprendre, outre le principal, la somme nécessaire pour assurer pendant deux ans le paiement des intérêts à cinq pour cent.

70. Sur le vu du procès-verbal de consignation, et sur une nouvelle

assignation à deux jours de délai au moins, le président ordonne la prise de possession.

71. Le jugement du tribunal et l'ordonnance du président sont exécutoires sur minute, et ne peuvent être attaqués par opposition ni par appel.

72. Le président taxera les dépens, qui seront supportés par l'administration.

73. Après la prise de possession, il sera, à la poursuite de la partie la plus diligente, procédé à la fixation définitive de l'indemnité en exécution du titre IV de la présente loi.

74. Si cette fixation est supérieure à la somme qui a été déterminée par le tribunal, le supplément doit être consigné dans la quinzaine de la notification de la décision du jury, et, à défaut, le propriétaire peut s'opposer à la continuation des travaux.

CHAPITRE II.

75. Les formalités prescrites par les titres I et II de la présente loi ne sont applicables ni aux travaux militaires ni aux travaux de la marine royale. Pour ces travaux, une ordonnance royale détermine les terrains qui sont soumis à l'expropriation.

76. L'expropriation ou l'occupation temporaire, en cas d'urgence, des propriétés privées qui seront jugées nécessaires pour des travaux de fortification, continueront d'avoir lieu conformément aux dispositions prescrites par la loi du 30 mars 1831. — Toutefois, lorsque les propriétaires ou autres intéressés n'auront pas accepté les offres de l'administration, le réglement définitif des indemnités aura lieu conformément aux dispositions du titre IV ci-dessus. — Seront également applicables aux expropriations poursuivies en vertu de la loi du 30 mars 1831, les art. 16, 17, 18, 19 et 20, ainsi que le titre VI de la présente loi.

TITRE VIII.

DISPOSITIONS FINALES.

77. Les lois des 8 mars 1810 et 7 juillet 1833 sont abrogées.

TABLE DES MATIÈRES.

DROIT FRANÇAIS.

LÉGISLATION ACTUELLE.

CHAPITRE Ier.

CHAPITRE II.

CHAPITRE IV.

CHAPITRE V.

CHAPITRE VI.

CHAPITRE VII.

Caen, typ. F. Le Blanc-Hardel.

www.ingramcontent.com/pod-product-compliance
Ingram Content Group UK Ltd.
Pitfield, Milton Keynes, MK11 3LW, UK
UKHW022101260726
13993UKWH00001B/256

9 782329 019901